*O Curador Interno*

Dados Internacionais de Catalogação na Publicação (CIP)
(Câmara Brasileira do Livro, SP, Brasil)

Panozzo, Gioia
 O curador interno : despertando a consciência para a autocura / Gioia Panozzo. – São Paulo : Ágora, 2004.

Título original: Il guaritore interno.
Bibliografia.
ISBN 85-7183-882-8

1. Auto-ajuda – Técnicas  2. Autoconsciência  3. Consciência  4. Cura mental  5. Panozzo, Gioia, 1948-  I. Título.

---
04-5302                                                                                                    CDD-158
---

Índice para catálogo sistemático:

1. Autocura : Psicologia aplicada   158

Compre em lugar de fotocopiar.
Cada real que você dá por um livro recompensa seus autores
e os convida a produzir mais sobre o tema;
incentiva seus editores a encomendar, traduzir e publicar
outras obras sobre o assunto;
e paga aos livreiros por estocar e levar até você livros
para a sua informação e o seu entretenimento.
Cada real que você dá pela fotocópia não autorizada de um livro
financia o crime
e ajuda a matar a produção intelectual de seu país.

# O Curador Interno

Despertando a consciência
para a autocura.

## Gioia Panozzo

EDITORA
ÁGORA

Do original italiano
*IL GUARITORE INTERNO*
*Diventare protagonisti della propria vita e*
*guarire con amore la mente, le emozioni, il corpo*
Copyright © 2004 by Gioia Panozzo
Direitos desta tradução adquiridos por Summus Editorial

Capa: **BVDA - Brasil Verde**
Tradução: **Sonia Padalino**
Projeto gráfico, diagramação e fotolitos: **All Print**

## Editora Ágora
Departamento editorial:
Rua Itapicuru, 613 – 7º andar
05006-000 – São Paulo – SP
Fone: (11) 3872-3322
Fax: (11) 3872-7476
http://www.editoraagora.com.br
e-mail: agora@editoraagora.com.br

Atendimento ao consumidor:
Summus Editorial
Fone: (11) 3865-9890

Vendas por atacado:
Fone: (11) 3873-8638
Fax: (11) 3873-7085
e-mail: vendas@summus.com.br

Impresso no Brasil

... a Gaia,
com um amor que
não tem palavras!

O medo
é a pequena morte que mata a mente.
Não quero ter medo do meu medo!
Vou encará-lo e deixar que me percorra.
Quando houver passado, dirigirei meu olho
interno ao que está em volta para olhar:
onde o medo passou, nada restou!
Só restarei eu

Dito sufi.

# Sumário

Apresentação ........................................................ 9

Prefácio ............................................................. 11

Introdução .......................................................... 17

1   O caminho ...................................................... 29

2   Mestres de nós mesmos ........................................... 35

3   Visualização .................................................... 39

4   Visualização: instrumento para a cura física .................... 41

5   Outras experiências ............................................. 47

6   Amar-se para sarar .............................................. 53

7   Mais experiências ............................................... 59

8   Aventuras ....................................................... 65

9   A solidão sorridente ............................................ 71

10   Cura emocional ................................................. 75

11   As partes de nós que detestamos ............................... 85

12   Respirar é viver .............................................. 87

13   A visualização como proteção .................................. 91

14  Como praticar a visualização ............................................. 97

15  Interpretação de imagens ................................................. 105

Palavras finais ................................................................... 113

Referências bibliográficas ................................................. 119

APÊNDICES .......................................................................... 121

   *Placebo* ............................................................................ 123

   *Significado da meditação vipassana que podemos aprender a usar, vivendo!* ................................................................. 127

   *Os métodos para treinar a mente* ................................... 129

   *O cotidiano* ................................................................... 131

   *Exemplos de meditação para o dia-a-dia* ...................... 135

   *Divino homem universal* ............................................... 137

# Apresentação

Conheci Gioia Panozzo numa Bienal de Livros em São Paulo. Levada pela curiosidade devido à sua popularidade e fama, que alardeavam sua capacidade intuitiva e visão quase paranormal, esperava encontrar uma mística séria, misteriosa. Entretanto, surpreendi-me com seu sorriso aberto, despachado, sem-cerimônia – gestos típicos de quem vai direto ao assunto.

"Mas por que você está aí enrolando? Está enganando a quem?", Gioia perguntava. Logo percebi que com ela mentiras ou subterfúgios são tolerados muito temporariamente, com certa complacência, enquanto espera que o interlocutor tome fôlego antes de dizer a verdade.

Já na dedicatória de seu primeiro livro em português, *O Sol semearei em minhas terras – Uma história de vida e de transformação* (São Paulo: Ágora, 2000), deixava claro que sabia mais sobre o leitor do que ele ou ela desejava ou supunha. Um soco no estômago. Impossível ler sem se emocionar. Mesmo para uma experiente analista acostumada a ouvir tragédias, a dor expressa na pior tragédia arquetípica que um ser humano pode sofrer emociona e faz pensar: há recuperação?

Mas Gioia é como o Jó bíblico, que depois de ser despojado de tudo, em andrajos e com a pele leprosa, só ficou com a firme convicção de que tudo tem um significado. Mesmo que a mente não entenda, tanta dor deve ter um sentido. É a única saída. E, nessa busca, a autora parte para países distantes, mestres estranhos, línguas desconhecidas, novos territórios. A exploração externa abre novos pátios de luz interna e lentamente percebemos como a dor se transforma em sabedoria.

*O curador interno* é, acima de tudo, um testemunho factível de um processo de individuação. Os recursos usados poderiam ser vistos como exemplos clássicos na literatura junguiana, na qual o caminho por meio de imagens, visualização e imaginação ativa nos guia por mundos obscuros, distantes rincões da alma, lugares aonde só a coragem chega. Sabemos que o sofrimento é, em geral, o empurrão indesejado para o desenvolvimento. E que somente depois de muito apanhar percebemos que de fora não virá a felicidade tão procurada e exacerbada em infinitos anúncios publicitários.

A proposta do livro é clara e simples – meditar e visualizar. Dentro de nós estão todos os recursos; fora, a ilusão e a perda de tempo. A expectativa da felicidade repousa sempre no amanhã – à espera de que algo melhor aconteça, e aí, então, serei feliz, bem feliz...

Gioia propõe a meditação como caminho, tirando a consciência do adormecimento patológico em que vive. Com seus exemplos revela o medo paralisante, o medo que altera nosso sistema fisiológico, que provoca doenças e mata.

No século XXI, as neurociências, em conjunto com a psicologia, vêm descobrindo como as transduções entre os sistemas – isto é, como qualquer emoção ou pensamento – provocam sincronicamente alterações em todos os sistemas fisiológicos, promovendo bem ou mal-estar. Este livro é um tesouro de exemplos dessa natureza.

Somente a banalidade cultivada nos afasta da verdade maior e cria a ilusão de eternidade. E como diz Gioia, sorria, sorria sempre: cada dificuldade é somente mais um curioso desafio.

*Denise Gimenez Ramos*
Coordenadora do Programa de
Pós-Graduação em Psicologia Clínica da PUC-SP

# Prefácio

## Uma comunidade chamada corpo

Durante sua história milenar, a medicina sempre assistiu às modalidades de cura que, com freqüência, prescindem ou parecem verificar-se fora de qualquer esquema racional e compreensível.

Curas que acontecem por caminhos e modalidades inesperadas em relação ao prognóstico e à terapia.

É difícil encontrar uma categoria, um denominador comum capaz de identificar a "tipologia do miraculado", principalmente se ficarmos ancorados a uma visão determinista e mecanicista da realidade humana.

O leigo pode não sentir necessidade de dar uma explicação ao evento. Pode ser suficiente a alegria do resultado, o epílogo feliz e positivo de um caminho de sofrimento e de provação.

O médico exige um pouco mais: compreender um fenômeno que pode e deve sair da casualidade, que deve fazer parte de um paradigma capaz de explicá-lo, compreendê-lo e transmiti-lo como possibilidade real da experiência humana.

"Não é verdadeiro e real apenas o que conheço e se encaixa nos parâmetros da lógica: tudo é verdadeiro e real no momento em que acontece. No momento em que se torna possível acontecer. Pode ocorrer que, para explicar esse evento 'estranho', como uma cura inesperada, eu precise me deslocar, observar a realidade sob uma outra perspectiva, concebê-la de outra maneira para que seja capaz de acolher 'aquele evento' como verdadeiro e repetível."

No campo do conhecimento científico – da física quântica, da química e da bioquímica molecular –, está tomando cada vez mais corpo o conceito de unidade vista como uma realidade em que cada elemento e cada ponto levado em consideração não se move nem age sem que aquele movimento e aquela ação repercuta em todo o âmbito circundante; quanto ao corpo humano, nenhuma parte e nenhuma função é independente ou trabalha como uma realidade autônoma.

## A psiconeuroimunologia

Psiconeuroimunologia representa a tentativa de integrar funções do nosso organismo que não podem ser vistas isoladamente.

Nosso sistema imunológico, que alguns entendem como o nosso Eu, como expressão fenotípica do nosso princípio de identidade, está estreitamente correlacionado às funções hormonais, e ambos estão correlacionados ao sistema nervoso central. Por isso, o que acontece em uma área repercute imediatamente em outra.

Em outro modelo interpretativo do ser humano, proposto há mais de 25 anos por L. O. Speciani, os níveis de integração compreendem, também aqui, um princípio de identidade pessoal.

É o Id, ou alma, não na acepção metafísica, mas como princípio de identidade pessoal ao qual e do qual chegam e partem todos os sinais "intangíveis" que, sucessivamente, podem dar vida, na mente e no corpo, a sinais eletromagnéticos, bioquímicos, bioelétricos e biohumorais.

A doença é um evento que pertence ao homem, penetra na sua história e no seu futuro.

"É crise e resolução do processo evolutivo: é o homem, é toda a sua pessoa que constrói a sua doença e a sua cura." (Del Giudice)

Um indivíduo não pode ter um sistema ou órgão acometido sem que, na economia dos vários órgãos, um não se ressinta do outro ou dele participe.

Isso confirma e dá razão ao modelo unitário de homem, em que cada parte experimenta uma espécie de "saudade da totalidade".

Nisso, e apenas nisso, é possível recuperar o caráter sagrado do ser humano.

Assim, de qualquer modo, a doença é uma perda de unidade, de coerência, ou um excesso de coerência (os tumores seriam isso, segundo algumas hipóteses provenientes da física quântica). É um afastamento da totalidade que pode e deve ser recuperada se queremos chegar à verdadeira cura.

## O corpo humano: uma comunidade

Nas experiências cotidianas com meus doentes e por meio de estudos, concebi a idéia de que o corpo humano é como uma grande comunidade. Em uma comunidade, ao contrário do que acontece em outras formas de associação, a identidade do indivíduo é poupada e exaltada por parte de cada componente, para o bem do indivíduo e da própria comunidade.

Não há "nivelamento". A diferença entre os participantes, cada um com suas próprias características e peculiaridades de caráter e de expressão, é que mantém, alimenta e torna vital e operante uma comunidade: há exemplos em âmbito leigo e religioso.

O corpo humano se comportaria exatamente como uma comunidade.

Cada célula tem a sua identidade, adquirida em etapas sucessivas durante o desenvolvimento embrionário.

No início (fase da mórula), as células do corpo ainda não têm identidade. Umas são iguais às outras, e o único processo que apresentam é o reprodutivo.

Em fases sucessivas, com o desenvolvimento embrionário, chega-se à diferenciação celular: algumas se tornam fígado, outras pulmão, pele, estômago, e assim por diante. Mas, cada célula, em minha opinião, tem dentro de si o conceito de pertinência à comunidade, e, por ela, trabalha e procura dar o melhor de si.

À frente da comunidade está o Id, a alma, a nossa mais profunda consciência de ser aquele ser e não outro, com uma história, um destino único e exclusivo.

E como em todas as boas comunidades, há quem não queira dar ouvidos à competência de quem governa; há quem decida, por diferentes motivos, não pertencer mais à comunidade, não se orientar mais como os outros componentes.

Diferenciar-se significa também aceitar um confronto que pressupõe, precisamente, uma diferença.

Então, passo a ser a única referência para mim mesmo e a única finalidade que tenho é minha reprodução. Bani o trabalho, o esforço do confronto e da diferença: saio da comunidade e vou ser independente.

Em outros termos, isso significa que volto a ser uma célula embrionária no estado indiferenciado.

Mas a célula cancerosa não é exatamente isso? Não é, por acaso, a célula que perdeu a linguagem do significado (dr. Biava) e, portanto, da comunicação sintônica com as outras células? Acredito que possa ser vista dessa maneira, talvez um tanto alegórica e pouco científica, mas, certamente, compreensível para a maioria dos leitores.

Como acontece em todos os contextos sociais, se o grupo é forte e se comporta realmente como comunidade, se é coeso, pode, então, opor-se ao desenvolvimento descomedido e não-finalizado da célula cancerosa.

## A cura

A cura consiste menos em matar a célula rebelde do que em dar mais forma, mais compactação e mais unidade à comunidade, para que a célula que se "foi" sinta o apelo e nela desperte a saudade da totalidade já mencionada.

É um sinal forte que deve partir do nosso Id e de nossa alma. Um sinal que exprima vontade de viver e não de mal-viver; de proceder rumo a um processo evolutivo que envolva, ao mesmo tempo, espírito, mente e corpo.

Talvez esteja aqui a explicação das curas extraordinárias e miraculosas. Na recuperação de uma pertinência, na retomada do diálogo, nesse caso, entre célula e célula. No confronto diferenciador entre elas está a retomada, o renascimento de uma comunidade que, de outro modo, estaria destinada ao desmembramento e ao perecimento.

Segundo o Dr. Marolda, oncologista, a medicina viverá enquanto existirem seres humanos, porque a doença é uma das formas em que a existência se exprime. E todas as suas intervenções curativas chamarão em causa, involuntariamente, a alma. Observará os homens adoecerem, com freqüência, de modo imprevisível e os verá sarar, sem nenhuma explicação racional: a medicina gravita obrigatoriamente em torno da alma, porque, em torno da alma, gravita a vida.

O dr. Speciani concluiu o livro *L'uomo senza futuro*, falando da medicina e de seu entulho tecnológico que, com freqüência, nos afasta da alma, com as seguintes palavras:

[...] no limite essencial, sua única substância não é deteriorável: é o amor em sua expansão individual e social: um ato de amor em relação a si mesmo[...] é isso que permite que um corpo viva em harmonia, com as funções equilibradas, que participe e sinta ser uma comunidade que se dirige a um destino único e exclusivo, que é o da história de cada ser humano.

Dr. Cesare Santi[*]

## Referências bibliográficas

BIAVA, P. "Complessità e biologia". Milão: Bruno Mondador, 2002.

DEL GIUDICE, N. e E.; *Omeopatia e bioenergetica.* Verona: Cortina International, 1999.

MAROLDA, R. *"L'anima della medicina".* Medi Magazine, n. 25, Milão: Mediamix, 1993.

SPECIANI, L. O. *L'uomo senza futuro.* Milão: Mursia, 1976.

---

[*] O dr. Cesare Santi e Gioia Panozzo realizam, em conjunto, conferências na Itália sobre o tema "A medicina: um ato de amor. A importância das emoções e do estado mental como vontade de sarar e o mal-viver, raiz da árvore da doença".

# Introdução

Estamos em uma era de grandes mudanças. O Velho Mundo está morrendo, mas, antes de morrer, destrói, criando doenças terríveis, mal-estar, violência, loucura, guerra, ausência de valores.

Os acontecimentos traumáticos que abalaram e continuam abalando o mundo são uma demonstração da força destrutiva do final desta época.

Mas, sabemos que, de cada morte, desponta um renascimento. Da experiência de desarmonia e sofrimento pode nascer uma nova consciência que gere harmonia e tranqüilidade, elimine as raízes psicológicas da doença e do mal-estar, trazendo saúde, sabedoria e cura.

Cada ser humano pode decidir tornar-se o criador de seu próprio equilíbrio, assumindo a responsabilidade sorridente de entrar em contato com seu mundo interior, encontrando realmente os valores em que acredita na vida, livrando-se dos falsos.

Neste momento, portanto, precisamos começar a gerar harmonia, na esperança de que esta se espalhe, por intermédio do nosso modo de viver com serenidade.

Fomos habituados e educados pela família a aceitar ritos, cultos e formas de pensar que nunca tivemos tempo ou ocasião de questionar. Nunca nos interrogamos se eram "nossos" também, e assim, esquecemo-nos do livre arbítrio e do respeito pela nossa individualidade.

Muitas pessoas que me procuram em busca de ajuda enfrentaram momentos difíceis em suas vidas. Estão vivendo angustiadas, com medo, dúvida, fardos, e sentimento de culpa.

Estão somatizando doenças porque vivem contra sua "natureza individual". Sufocam o que gostariam de fazer por temor do julgamento alheio, por medo de serem abandonadas. Renegam a própria individualidade, não acatam a si mesmas, e não sabem disso.

Estão se matando lentamente por medo de serem elas mesmas!

São pessoas que estão cansadas de viver mal, depressivas, e não querem aceitar relacionamentos feitos apenas de aparência ou atividades sem sentido. Estão cansadas, na verdade, de sentir-se insatisfeitas.

Procuram ajuda para encontrar clareza e confiança que lhes permitam fazer opções diferentes na vida com qualidade que, de outro modo, não pode ser encontrada.

A maioria dos seres humanos pode optar por uma vida diferente, se aceitar sair dos antigos esquemas e abandonar hábitos mentais restritos, papéis antiquados, se estiver pronta para encontrar uma nova visão do que pode ser a vida, modificando o relacionamento consigo mesmo e respeitando, com consciência, a própria condição humana.

Essas são pessoas capazes de dar um salto quântico e se tornarem criadoras de uma nova consciência.

Assim, a paciência, a coragem e a vontade são indispensáveis para experimentar e aprender a viver de modo diferente a própria realidade, dia após dia e construir um estado diverso de agradável harmonia.

É fundamental despertar a inocência para reencontrar a confiança no desconhecido, no incógnito.

É preciso despertar a capacidade de rebelar-se contra o oportunismo, que lentamente destrói a alegria e o prazer de viver, e aceitar o "nosso" credo, mesmo quando é diferente daquele que está ao nosso redor.

Chegou o momento de compreender que podemos e temos o direito de viver bem, de cuidar de nós mesmos com amor e carinho e que não devemos mais criar, sem nos darmos conta, nossas próprias tensões, ansiedades e doenças.

Precisamos nos lembrar de que somos preciosos e que, ao descobrirmos o prazer de viver, podemos transmiti-lo, sorrindo para quem está perto de nós.

Onde está o nosso riso? A nossa alegria acabou? Tudo se esvaiu, dia após dia. Tudo se apagou, como a luz de uma vela que se consome e desaparece. Tornamo-nos diferentes do que somos porque, com excessiva freqüência, assumimos papéis que exigem de nós para amar-nos e aceitar-nos. Comportando-nos desse modo, a alegria acaba por parecer uma recordação de séculos atrás, um sentimento petrificado que pode ser exposto em um museu, em memória de como fomos no passado!

Vocês poderiam dizer: "Aqui está a estátua da minha fantasia, cerceada pela racionalidade! Esta é a coluna da minha ternura, petrificada pelas feridas e humilhações que vivi! Este é o córrego congelado do meu antigo sorriso!". Recordando-se de como foram, vocês poderiam perceber que agora estão apenas vegetando e não vivendo de verdade? Por quê? Porque falta paixão! Falta coragem para rebelar-se, sair dos esquemas e, se necessário, ir contra a corrente.

Afastar-se dos próprios sentimentos, das emoções e das sensações requer esforço, porque cada vez que abandonamos um pedacinho de nós mesmos, nossa individualidade se enfraquece e parecemos robôs. Controlando a mente construímos uma couraça que parece nos proteger e reforçar, mas, na verdade, sufoca, pesa e torna difícil viver.

Quem acorda de manhã "feliz" com a oportunidade de viver a aventura que a vida lhe oferece a cada dia?

Tudo se tornou monótono e rotineiro. A vida se tornou um esforço, um cálculo contínuo das perdas que podemos sofrer! Tornou-se um peso, com instantes de tranqüilidade repentina e leveza, que vivemos, quase sempre, sem ter deles consciência e sem sentir seu sabor! A vida está projetada no futuro, no que vem depois, no ano seguinte, na aposentadoria: é um viver no futuro, sem jamais estar no presente, porque tememos o presente! Tememos o descontentamento que permeia o cotidiano!

Se percebêssemos, porém, que a vida está acontecendo "agora" – e nossa respiração é prova disso – e não há garantias de que estaremos vivos amanhã –, faríamos, com responsabilidade, opções diferentes, baseados nas necessidades de hoje para, passo a passo, momento a momento, construir uma vida de qualidade!

Somente assim poderíamos nos tornar simples, genuínos, serenos e artífices do bem-viver, e, ao mesmo tempo, curadores de nosso bem-estar, até mesmo fisicamente.

A vida se tornou um conjunto de gestos, palavras, ações e pensamentos sem sentido, que privam o homem cada vez mais de seu verdadeiro conteúdo. É por isso que ele se torna deprimido, adoece, mata e "mata a si próprio", não ao viver, mas ao sobreviver com esforço.

A dor da perda do significado de si próprio, inconsciente, dá origem a um corre-corre para preencher o vazio íntimo com objetos, carros, casas, uma realidade externa, superficial, que nunca poderá preencher "a falta de consciência de si próprio e de respeito pela própria individualidade humana".

Como "sarar" disso tudo?

Como curar as feridas profundas que tolhem o prazer de viver? Parando para escutar o que intuímos, mas não queremos ouvir claramente: a dor, a decepção, a solidão, o cansaço. Escutando e aceitando nossas reais necessidades humanas. Despertando para uma visão diferente de si e aceitando, sem medo, assumir outro modo de ser na vida.

Abandonando simulações e falsas esperanças em um futuro hipotético. Este não será como sonhamos se não lançarmos suas bases aqui-e-agora. Acreditando com confiança que, se somos luz, reflexo de Deus, temos um potencial que precisa ser reconhecido, experimentado, usado.

O homem tem medo de morrer porque não vive plenamente. A morte nos lembra que o tempo é curto e que o desperdiçamos, adiando para amanhã o que nos daria prazer hoje!

Se utilizarmos mal o tempo de viver, não morreremos tranqüilos porque, diante da morte, pensaremos em todas as ocasiões perdidas, adiadas, em todos os sonhos não realizados.

A morte nos mostrará os "vazios" da vida e ficaremos desesperados por não termos mais tempo de preenchê-los.

Quando a morte esbarra em nós, ela nos dá sempre a oportunidade de perceber como estamos usando a vida.

Se o homem aprender a salvar-se da banalidade, do insípido, do nivelamento, das concessões, a humanidade inteira mudará, e acabarão as guerras e a violência.

Só então acontecerá a verdadeira cura humana.

Da serenidade, da harmonia e do prazer de viver não nascem guerras e lutas. Surge a compreensão, a comunicação. Floresce, principalmente, o verdadeiro respeito.

Tudo depende de cada um de nós e da vontade de viver bem, que pode ser o estímulo para o início de uma verdadeira mudança consciente!

**Tudo é fundamental, mas nada é
fundamental ao meu estado de espírito.**

## Sarar

Durante o período em que busquei o sentido da vida, defini cada vez melhor o verdadeiro significado da palavra "cura".

Compreendi que alcançar a harmonia, com nós mesmos e com o mundo, leva à verdadeira cura.

Não posso usar este termo para algo mais parcial.

A tranqüilidade e a serenidade atingidas depois de um caminho tão duro, permitiram-me descobrir que a felicidade existe e que é possível explicar aos outros como alcançá-la, sem que seja necessário embater-se em adversidades semelhantes às que tive de enfrentar.

É possível ensinar os passos fundamentais para viver com consciência e descobrir, assim, que nenhum problema e nenhuma dificuldade é injusto ou atribuível à má-sorte: nosso modo de viver depende de nós e de como nos relacionamos com a realidade da vida!

De nada serve o pensamento positivo se não for seguido por uma ação no plano da realidade.

É preciso aprender a agir de modo diferente, desestabilizar velhos hábitos mentais e de comportamento, tornando-nos nós mesmos, criadores de nossa vida, em todas as situações.

"Percorri" esse modo de viver a realidade quando percebi que meu cérebro "lógico" não dava respostas suficientes ao que acontecera em minha vida. Corri continuamente o risco de sentir-me vítima e tive a certeza de que nada jamais responderia à pergunta que me perseguia: "Qual é o sentido da vida e da morte?".

A dor, o sofrimento, a infelicidade não eram, certamente, emoções apenas minhas, mas do mundo inteiro. Precisava, com urgência, iluminar a escuridão da infelicidade geral e não da "minha" infelicidade!

Não foi fácil atingir planos mentais que faziam parte do que eu conhecia para penetrar no desconhecido, em sensações e apreciações que surgiam de um plano mais profundo.

A dor, naqueles momentos de minha vida, era tão absoluta, que fui obrigada a usar uma força de vontade extrema, e foi isso que me salvou!

A força de vontade foi útil para passar do plano mental da evidência a planos cada vez mais sutis e universais, em uma contínua e, por vezes, extenuante progressão.

As questões "por quê?", "por que a humanidade sofre?", "por que há raiva e ódio?" acendiam-se de repente, a cada passo, no meu contínuo confronto com a realidade, com as emoções e com os fatos da vida.

Como não encontrei uma resposta lógica, adequada, transformei os porquês em "O que é o sofrimento? O que pode haver na raiz do sofrimento, da raiva, do ódio e da guerra?" e transformei-me em amostragem de minha pesquisa.

Eu mesma me tornei, portanto, objeto de pesquisa. Queria encontrar respostas na realidade, e eu era real!

Confrontei-me, assim, com cada emoção, escavando dentro de mim, sem assumir nenhum pressuposto. Percorri as raízes da soberba, da dor e do modo severo com que julgava a mim mesma.

Muitas vezes, lutei comigo mesma para chegar a me compreender!

Não queria mais chorar, não queria mais angústia nem sofrimento porque considerava essas emoções inúteis e destrutivas. Mesmo sofrendo, a vida não me devolvia o que me tolhera. Para que sofrer, então? O sofrimento tinha um fim em si mesmo, não era útil a mim, nem a quem estava perto de mim! Era inútil.

Nos primeiros tempos, o percurso foi muito duro! Não tinha trégua.

Recordava-me de meu riso de antes, do meu sorriso, da minha paz. E como vivera momentos felizes, queria descobrir o que fazer para viver sempre com serenidade.

Se houve serenidade um dia, é porque ela existe. Significa que podemos ser serenos; a serenidade não é ilusão.

O Sol existe, depois se cobre de nuvens durante meses, mas isso não impede que exista e que reapareça quando houver o vento certo, no momento certo.

Trabalhando assiduamente comigo mesma, por intermédio de meditação e de visualização, consegui criar aquele "vento" que dissipou as nuvens que obscureciam meu ego, trazendo novamente luz à minha existência individual.

Aprendi a conviver com um mundo que se manifestava em um plano diferente, sutil, impalpável, gentil, que me acompanhava por toda a parte, pois "ele estava e está!" em toda a parte.

Aos poucos, tornei-me esse mundo e fundi-me a ele, descobrindo que, na realidade, não existem estados separados.

É a mente acanhada a criar distinções, com seus julgamentos e falsos parâmetros!

Descobri que a mente trabalha em dois planos lineares e que se pode alcançar um terceiro, a profundidade, reacendendo, conscientemente, a mente sagrada: o coração.

Para entrar no plano da mente sagrada é preciso desfazer expectativas mentais, julgamentos, entrar no silêncio com grande coragem e ilimitada confiança. Só então acontecem milagres!

Chamei de "vereda sagrada" esse percurso em busca da verdade que está além dos aspectos específicos da realidade.

Uma vez superadas as barreiras criadas pela mente, acende-se um incrível sorriso silencioso que leva à compreensão e tudo se torna tão simples e claro que é difícil explicar!

Seguindo o caminho do coração, a verdadeira cura acontece, sanando os pensamentos, as emoções e o corpo.

## Por que usar a linguagem imagística

A imaginação é uma função que pode favorecer vários níveis ao mesmo tempo: o das sensações, o dos impulsos e desejos, o dos sentimentos, o do pensamento e da intuição. É uma função importante porque age sobre o consciente e o inconsciente; é um dos melhores meios para atingir resultados harmônicos.

Cada imagem tem em si um impulso motor que suscita emoções, produzindo condições físicas e atos que a elas correspondem. Pertencem à imaginação não apenas as imagens visuais, mas também as auditivas, as olfativas, as táteis e as gustativas.

A visualização ajuda a desenvolver a concentração e a imaginação criativa. Além disso, é uma função normal do ser humano, pois já foi demonstrado que nossas ações ou movimentos são fruto, inicialmente, de uma imagem que os precede.

Algumas pessoas podem encontrar dificuldade em visualizar de olhos fechados, por serem introvertidas. As imagens criadas perturbariam aquelas que o introvertido já percebe em seu mundo interior, não estando interessado no que existe no exterior, na realidade.

Outros conseguem visualizar muito bem de olhos fechados por serem extrovertidos, ou seja, atraídos pelas inúmeras coisas que a realidade em volta oferece. De olhos fechados, então, o extrovertido desce até seu mundo interior, soltando-se das imagens que os olhos apanhariam e, assim, tornando-se criador de uma ponte entre consciente e inconsciente, por intermédio das imagens que se formam.

A visualização e a imaginação criativa são instrumentos para, aos poucos, construir uma síntese harmoniosa de todos os aspectos da personalidade, físicos, mentais, emocionais e espirituais, conscientes e inconscientes, que nos permitem viver sem sofrimento. O objetivo final é aprender a usar instrumentos úteis para que nos tornemos, pouco a pouco, curadores das emoções e dos pensamentos que baseiam a doença mental e física, reencontrando tudo o que nos pertence, mas que se encontra além da realidade tangível à qual estamos habituados a prestar atenção. É um caminho rumo ao vértice, onde existe, desde sempre, uma dimensão superior latente que precisa ser, agora, reativada pelo nosso bem.

Temos à disposição um reservatório de qualidades superiores que não é justo ignorar, a menos que se queira continuar a sofrer durante toda a vida. Temos uma mente analítica que produz, por sua natureza, um conjunto de pensamentos contínuos e conceitos equivocados que são fruto da relatividade do ego. E temos uma mente superior que reconhece e interpreta corretamente as intuições que surgem no campo da consciência.

Para desenvolver a mente superior em relação à analítica, é possível facilitar sua atividade, liberando o campo da consciência dos conteúdos pesados e negativos que o ocupam, limpando, assim, gradualmente, o canal que une ao eu universal desde sempre.

Velhos conceitos, esquemas, dogmas e ideologias unilaterais fabricadas em nosso passado por falta de consciência devem ser retirados para deixar o campo da consciência livre e leve.

O medo, principalmente, precisa desaparecer, pois é a emoção mais difusa e a que gera a maioria dos males da humanidade! O medo da morte, o medo de ser separado dos outros, o medo da solidão, o medo de não ter o poder que imaginamos exercer sobre os outros, o medo do que se ignora, o medo do desconhecido.

Todos os medos baseiam-se na ignorância e desaparecem diante da luz da verdade. Tudo isso é preciso porque a humanidade encontra-se em uma fase ascendente da evolução, depois de descer ao plano material mais grosseiro e vulgar.

A civilização está se elevando, com muito esforço, rumo ao espírito para reencontrar harmonia com o universo inteiro. Não é um caminho fácil ou cômodo, e o sofrimento é necessário para o processo evolutivo, ajuda enormemente na ascensão e na liberação da alma.

O sofrimento dá austeridade, reforça, desenvolve a capacidade e a resistência.

A dor é útil para desimpedir a atenção dos falsos apegos e ilusões, dos falsos valores e objetivos. Obriga-nos a voltar para nós mesmos, despertando-nos e fazendo-nos descobrir o espírito que está em nós.

"Para cada nível emocional que sofre [...] há outro que se expande e se regozija!", afirma o dr. Roberto Assagioli, fundador do Instituto de Psicossíntese.

# 1

## O caminho

Meditar é dissolver-se no ponto intermediário entre opostos. Em outras palavras, é descer, suavemente, em direção ao nosso plano mais profundo, em que pensamentos conflitantes se desfazem e encontramos a tranqüilidade do silêncio.

Não é difícil aprender a encontrar a essência de nós mesmos. Basta querer de verdade, basta sentir a necessidade.

Depois de anos de estudos, a experiência me ensinou que todos podem descer os degraus da escada interior que leva ao silêncio, passo a passo, criando estados diferentes de consciência, sentindo o prazer de descobrir os espaços infinitos que pertencem ao fato de sermos humanos.

É preciso saber que a escada existe, experimentá-la e depois caminhar com confiança pela vereda que leva ao centro de nós mesmos.

É importante que cada um assuma a responsabilidade de abrir-se para uma nova visão de si, com respeito por sua realidade individual, unicidade, por sua vida, aqui-e-agora.

Viajando pelo mundo, percebi que viver mal é a "doença" mais difundida. A humanidade inteira sofre por aceitar o pensamento de que a felicidade não existe. A humanidade inteira esqueceu o sorriso, a confiança na magia da vida, a liberdade, o estupor.

Esqueceu sua própria essência: formar uma unidade com Deus. Assim, esqueceu que pode realizar seus desejos e valores. Pôs de lado a vontade de viver, contentando-se em vegetar, abrindo concessões e fazendo restrições sem sentido.

Considero muito importante comunicar que existe um modo de sarar dessa doença.

Descobri minha escada por meio do encontro com o câncer, fruto da negação de mim mesma, de meu masoquismo, do meu mal-viver.

Descobri que podia entrar em contato com a parte mais profunda de meu ser, graças ao câncer. Foi a oportunidade que tive de dar um salto enorme e renascer para a vida e sua qualidade.

Encontrei o acesso à escada mergulhando na solidão dos momentos em que "tudo" parecia perdido e doloroso. Comecei a descer os degraus interiores para fugir dos pensamentos atormentadores com medo de sofrer, e pela incógnita que a morte traz consigo. Vi, por meio da primeira imagem que surgiu espontaneamente em mim, o primeiro degrau da escada. Encarei-o como possibilidade de parar de pensar, ao menos por um momento, que o câncer me tiraria a vida.

Descendo dentro de mim, descobri que a dor pode ser oportunidade de transformação, que o "viver mal" pode ser um instrumento para nos tornarmos criadores do "bem-viver".

Depende de nós, do nosso livre arbítrio.

Podemos aprender a meditar, dia após dia, dentro da realidade que vivemos. Não precisamos nos afastar da situação que nos é contingente, basta compreender que a meditação começa no momento em que decidimos nos tornar "testemunhas" de nossos pensamentos, dos papéis que aprendemos a desempenhar e de nossos comportamentos.

Descobrir que podemos ser testemunhas de como falamos e por que afirmamos algumas idéias, permite-nos despertar a consciência. O primeiro passo foi dado!

Neste momento, começa um processo que nos permite entender quem somos, na realidade, e o que nos tornamos, pela educação que recebemos e pelas experiências do passado.

Tentando pensar, com confiança, que nossa natureza individual talvez seja extraordinária, aprendemos a ser mestres de nós mesmos. Descobrimos os conflitos que vivemos, confrontando nossa personalidade e nossa individualidade.

Em nós, uma voz silenciosa, profunda e serena fala por meio da consciência, narrando a verdade, e outra voz, mais superficial, sussurra dúvidas, juízos, falsas justificativas e acusações.

A primeira, é a voz da individualidade, unida, em parte, a Deus. A segunda, é a voz do ego, é o conjunto do modo de pensar, juízos, medos e condicionamentos de quem nos educou e de quem encontramos durante nosso crescimento.

O ensinamento dos outros permitiu que aprendêssemos a viver, mas, com freqüência, tornou-se um peso, uma armadura, na maturidade, pois não nos permitiu viver livremente e respeitar a própria individualidade.

O ego é a crosta que cobre nosso diamante. Com a meditação, pode ser dissolvida para que encontremos a verdadeira essência, que jaz em silêncio dentro de nós, em nosso centro.

A meditação leva a um estado de calma e bem-estar, torna-se cada vez mais fácil dar início ao caminho que passa pelos diferentes estados de consciência até a redescoberta do sentido mais puro da qualidade humana.

Se, durante a meditação, chegamos a experimentar profundo bem-estar, significa que ele existe e está dentro de nós. Significa que o mal-estar está do lado de fora, em nossos pensamentos, em como vivemos.

É fazendo concessões, com medo da solidão e da perda que surgem as emoções negativas que estragam a vida.

Fomos habituados a esquecer a possibilidade, sempre presente, de escolher livremente entre o bem e o mal, o positivo e o negativo.

Por que todos nós sempre procuramos amor, serenidade, prazer de viver?

Por que todos os seres humanos caminham, dia após dia, tentando atingir a alegria de viver? Porque todos já têm, em si, a alegria.

Essa é a parte integrante de nossa natureza divina, esquecida.

Todos os homens são portadores de felicidade, desde sempre, mas não sabem. É por isso que a procuram exteriormente, por meio dos outros e da realidade, mas só a encontram por breves e raros momentos.

É hora de despertar e entender. Se descobrirmos a alegria de viver dentro de nós, a refletiremos de forma espontânea, pois a alegria atrai, e outros também optarão por ela e descerão a própria escada para encontrá-la.

Só quando o homem descobrir o prazer de estar vivo em companhia de si próprio, nascerá uma nova humanidade, sem violência e dor, sem pressões e guerras.

A meditação é, assim, o caminho para o renascimento, pelo despertar da consciência sobre nossa verdadeira essência humana.

Sábios de todos os tempos criaram infinitas técnicas para experimentar a paz que pertence, já, a cada um. Basta escolher a técnica mais adequada à nossa individualidade, para entrar na experiência do silêncio sorridente.

Mas o que acontece quando, ao sairmos da meditação, reencontramos uma dificuldade ou dor? A paz desaparece de repente e o impacto com o sofrimento e a raiva se fazem novamente presentes. Às vezes, mais fortes do que antes. É preciso, então, encontrar uma forma de tornar a alegria e a paz uma certeza constante. Como?

Tornando-nos criadores conscientes de nossa própria vida.

Aprendendo a mudar pensamentos e comportamentos que nos fazem viver mal, transformando nosso modo de ser.

Estar cansado de viver mal é motivo suficiente para querer despertar. Nosso mestre interior demonstrará, também, ser o nosso curador interno.

# 2

## *Mestres de nós mesmos*

Se considerarmos que vivemos em companhia de nós mesmos 24 horas por dia... pode ser que decidamos transformar a vida em um conjunto de infinitos pontos de bem-viver.

O segredo consiste em perceber que a vida é uma linha reta. Começa com o nascimento e termina com a morte. Entre os dois extremos, existem infinitos momentos, infinitos aqui-e-agora, que podem ser bem vividos, para além da realidade do momento. Com o conjunto de todos esses pontos, criaremos a reta de nossa vida serena!

Podemos transformar o modo como nos relacionamos a cada momento, aqui-e-agora, a cada encontro, a cada evento, a cada pensamento. Depende apenas de "como" queremos viver uma situação.

Vejamos um exemplo. Se formos habituados a temer uma doença, poderemos vivê-la como um problema terrível e perderemos a cabeça com ansiedade e preocupações. Se não tivermos medo e formos equilibrados, poderemos vivê-la como uma dificuldade e procuraremos, com calma, o melhor remédio. Se pensarmos que não temos valor e tivermos muitos sentimentos de culpa, poderemos viver um abandono com angústia e autodestruição, desesperando-nos. Mas, se estivermos naquele estado de harmonia que surge da compreensão de que tudo que começa, certamente, de algum modo chega ao fim, vamos entender que tudo aquilo simplesmente acabou.

Depende de nós, de como nos relacionamos com o problema. Na unidade, não são os acontecimentos que nos perturbam, mas o "modo" como estamos habituados a vivê-los. Isso pode ser facilmente constatado, quando observamos que pessoas diferentes se comportam de modo diferente, diante do mesmo fato.

A meditação, portanto, leva à compreensão dos mecanismos que adotamos para viver a realidade. É, definitivamente, uma forma de aprender a criar harmonia, com consciência, descobrindo nossa individualidade.

Com a meditação, despertamos para a calma e para o silêncio da mente e favorecemos a cura física porque, harmonizando emoções, pensamentos e sentimentos, reduzimos a possibilidade do surgimento da raiz psicológica da doença, criando mudanças positivas no sistema imunológico.

Temos, de fato, capacidade de equilibrar as reações endócrinas, imunológicas, nervosas e comportamentais, desencadeando um processo de cura já verificado cientificamente. Ou seja, prevenimos a doença quando desfazemos os bloqueios emocionais, depressivos e conflitantes que impedem o funcionamento correto do sistema imunológico.

Meditar, então, torna-se uma opção inteligente, uma grande ajuda que podemos nos dar. Podemos dar também um outro passo e aprender a usar, na vida, todo o nosso potencial.

Estamos habituados a usar racionalidade e lógica, funções características do hemisfério esquerdo e nos esquecemos do hemisfério direito, deixando de perceber nossa sensibilidade, criatividade, intuição.

Podemos, então, decidir aprender a viver com o equilíbrio gerado entre o lado sensível, intuitivo e o lado lógico e racional, redescobrindo o prazer da fantasia, da inocência, da confiança e da surpresa.

Ativando o hemisfério direito, não apenas aumentamos nossas defesas, produzindo grande quantidade de endorfinas e melatoninas, mas damo-nos a possibilidade de ser mais "humanos".

Por isso, durante os seminários, combino a meditação com o despertar da capacidade imaginativa, usando a visualização. Muitas vezes, durante a meditação-visualização, dissolvem-se velhos bloqueios emocionais e ocorrem curas físicas reais. A linguagem imagística do hemisfério direito abre horizontes vastíssimos, leva ao relaxamento profundo, diminui a depressão e a ansiedade, faz encontrar a solução para problemas profundos.

A meditação e a visualização, associadas, quando necessário, a medicamentos, à radioterapia ou à cirurgia, são de grande utilidade. Como o caminho que todos podem percorrer para descobrir o sentido de si mesmos e da vida.

A pesquisa científica demonstrou que:

- A linguagem do hemisfério direito é analógica. Não descreve nem explica, mas suscita sentimentos, evoca imagens, faz nascer emoções. Em poucas palavras, ativa um sistema operacional específico.
- É uma linguagem simbólica e metafórica que não pode ser modificada.
- As terapias psicológicas baseiam-se na linguagem analógica para sugerir ao paciente uma "nova idéia" do mundo, para modificar a "visão fixa" de um problema que causa mal-estar, colocando, assim, fora do circuito, o hemisfério esquerdo, sempre crítico e racional.

# 3

## *Visualização*

A visualização surgiu espontaneamente durante o período em que estive doente. Aprendera, naquela época, a entrar em meu corpo para aliviar dores e pensamentos de morte.

Cada vez que imergia, como uma minúscula projeção de mim mesma, em meu mundo interior, este me parecia sempre diferente, mas preciso em suas formas. Caminhava, olhando em torno de mim, e a velocidade de minha respiração diminuía até quase, às vezes, desaparecer. Perdia o senso da consistência de meu corpo, a dor desaparecia, e eu parava de pensar.

Visualizando, tudo se acalmava e eu via, tocava tudo com as mãos, corrigia o que parecia desarmônico, usando os instrumentos que minha imaginação criava no momento.

Percebia tudo por meio dos cinco sentidos. Gostava muito de tocar, sentir, cheirar, saborear. A escuridão atraía minha atenção mais do que a luz. Eu me concentrava na expiração, dirigindo-a para os pontos mais escuros, iluminando-os.

Um grande bem-estar me invadia nesses momentos. Eu encontrava uma paz profunda e restauradora. Entrava nesses filmes maravilhosos com a inocência de uma criança, saboreando a aventura até o fundo.

Aceitava o jogo, entregando-me totalmente a ele. Como resultado, sentia-me bem!

Depois do meu encontro com o câncer, muito tempo atrás, vivi quinze anos em contato com pessoas que queriam tentar a mesma experiência, para compreenderem-se e sarar.

Foram anos cheios de surpresas, ricos de emoção, em que compartilhei alegrias e dor; unindo-me profundamente à humanidade.

Graças a essa experiência pude compreender os poderes do ser humano.

# 4

## *Visualização: instrumento para a cura física*

Verdadeiros milagres podem ocorrer por intermédio dessa técnica. Certa ocasião, fui procurada por uma senhora, bonita, cheia de garra e de alegria de viver. Ela precisava fazer uma cirurgia no nariz para remover pólipos que lhe causavam hemorragias desagradáveis. Tinha medo da operação e perguntou-me se, por meio da energia, algo poderia ser feito.

Decidimos tentar. Depois de cinco minutos de relaxamento, criado por uma respiração especial, pedi-lhe que imaginasse caminhar em direção aos pólipos, aceitando todas as imagens que sua mente pudesse criar. Ela imaginou-se subindo pelas narinas, encontrando seu problema sob a forma de excreções carnosas, com raízes estreitas, e que ela podia tirá-las. Então, criou um fio de aço flexível e enrolou-o em torno do ponto mais estreito do pólipo. Dizia estar tentando apertar o aço ao máximo, em volta daquele ponto, para bloquear a conexão entre a parede da narina e o pólipo.

Ela realizou essa operação com muita determinação. Quando lhe pareceu ter "estrangulado" o pólipo, sentiu-se satisfeita e saiu do relaxamento.

Conversamos um pouco. Ela narrou suas sensações e disse-me ter sido fácil usar toda a força para apertar bem o fio.

Foi embora sentindo-se contente com sua façanha. No dia seguinte, enfrentamos juntas o segundo pólipo, que era mais volumoso. Dessa vez, ela decidiu usar um serrote fino e começou a sessão com entusiasmo. O trabalho não parecia simples porque a substância que serrava era coriácea. Pensou, então, em usar *laser*. Depois de dez minutos, o pólipo saiu. Verificou o trabalho feito no dia anterior e pareceu-lhe que tudo estivesse bem. Contou-me novamente suas sensações e disse-me que, enquanto trabalhava, três problemas que a perturbavam naquele momento vieram-lhe à mente. Um era ligado à mãe, e dois, ao irmão.

Rindo, perguntei-lhe se, por acaso, não os havia somatizado como pólipos, dentro do nariz. Ela demonstrou certa dúvida, mas disse que não. No terceiro dia, disse-me ter refletido bastante a respeito do que me dissera. Conduzi-a até os pólipos, e, examinando o primeiro, ela encontrou sua mãe encolhida, que delegava a ela todas as dificuldades a serem resolvidas. No segundo, caído, encontrou um aspecto irresponsável de seu irmão. No terceiro, encontrou a raiva por ter de resolver a situação deles. Pegou, então, um lança-chamas e incendiou o terceiro pólipo. Depois, recolheu o segundo e queimou-o. Com um puxão, tirou o fio de aço do primeiro e queimou-o também. Usou óleo de oliva para massagear as paredes do nariz, até as feridas cicatrizarem. Saiu do relaxamento feliz, dizendo-me que o irmão e a mãe deveriam resolver seus problemas sozinhos. Acrescentou que, com o lança-chamas, queimara também seu sentimento de culpa em relação à família e o fato de querer sempre assumir a responsabilidade dos outros.

Então, ela partiu de férias para o Egito e marcou a cirurgia para quando voltasse, sem medo. Passados cinco dias, telefonou-me de Hurgada[*] dizendo que tivera uma hemorragia no nariz e que encontrara dois pólipos no lenço! Estava estupefata e um pouco assustada.

---

[*] Localidade turística no Mar Vermelho. (N. da T.)

Tranqüilizando-a, perguntei quando deixaria sair também o terceiro. E, rindo, ela respondeu-me que não sabia!

Dois dias depois, ela telefonou-me de novo e disse: "Sou uma bruxa... e estou muito contente. O terceiro também caiu, depois de outra hemorragia!".

Sei que não se trata de um milagre, porque sei que tudo faz parte da capacidade que todos os seres humanos podem despertar em si.

A medicina tradicional começa a dar explicações para esses acontecimentos por meio da psiconeuroimunologia.

As crianças, se bem conduzidas, têm grande facilidade de intervir em seus problemas e resolvê-los. Têm menos defesas mentais e, por isso, é muito simples ocorrer a cura, com o jogo da visualização.

Ministrei uma série de cursos a um grupo de crianças de seis a onze anos de idade. Alguns apresentavam problemas de relacionamento com os colegas, outros eram muito tímidos, um era muito agressivo e apresentava uma estranha descalcificação da rótula, que os médicos não conseguiam controlar.

Eu costumava criar um percurso e usava travesseiros como obstáculos. As crianças brincavam, correndo, saltando e gritando em voz alta a frase: "Vou conseguir!". Ao mesmo tempo levantavam os braços. Eu os habituara a criar, por meio da visualização, um animal amigo ao qual pediam conselhos para seus pequenos problemas. Os problemas eram desenhados em grandes folhas de papel colocadas no chão. As respostas dadas pelos amigos especiais também eram desenhadas.

Alguns haviam escolhido um urso, outros, um cachorro, um tigre, um leão, um coelho. O menino que escolhera o tigre era o que apresentava descalcificação. Um dia, nas visualizações, usando como instrumento o tigre, seu joelho entrou em um vale e viu um grupo de soldados com uma perna só. Estavam tentando construir uma outra perna, abatendo uma parede da montanha que estava diante deles. Eles ficaram furiosos porque não conseguiam fazer a perna nova. Cavavam grandes buracos, mas a rocha sempre se despedaçava. Propus, então, que o tigre fosse a uma floresta, com imensas árvores, e que levasse com ele todos os pobres soldados enfurecidos, para que pudessem usar a madeira das árvores para construir a perna que faltava. Fiz com que encontrassem todos os instrumentos necessários, até mesmo uma equipe de carpinteiros pronta a obedecer as ordens. Em alguns dias, todos os soldados tinham uma perna nova, felizes por poder caminhar livremente, não estavam mais furiosos e mostravam-se prontos para partir para lugares diferentes. Disse ao menino para imaginar que os deixava sair pela planta dos pés e que se despedisse deles calorosamente, desejando que encontrassem para viver o lugar que mais os agradasse.

A descalcificação deteve-se e o menino deixou de ficar bravo com seu pai, que o ignorava e o criticava sempre!

Descobri que outro menino via sua energia muito bem. Via os bloqueios e os desequilíbrios. Ensinei-o a reequilibrá-la com a respiração. Ele aprendeu com extrema facilidade. Como eles gostavam de massagens, dedicávamos um pouco de tempo "amassando pão". Eles deitavam-se em fila sobre os travesseiros e brincavam de padeiro. Eu "amassava pão", um de cada vez, e preparava pãezinhos para serem postos no forno. Desse modo, tinha tempo de reativar a energia de todos, sem que um atrapalhasse o outro durante o trabalho. Eles gostavam muito da brincadeira e eu dedicava-me a ela ao final de cada encontro. Suas condições físicas e psicológicas melhoraram. A timidez transformou-se em meiguice e coragem. Uma menina fez as pazes com a mãe e compreendeu que seu nervosismo devia-se ao excesso de trabalho. Ela não faz mais birra para chamar a atenção.

As professoras comunicaram-me sua satisfação porque todos haviam melhorado nas relações recíprocas e no rendimento escolar.

Gosto de trabalhar seguindo as intuições que recebo do contato com quem está diante de mim. Sei que cada um de nós transmite sua necessidade do momento, inconscientemente, por meio de sua energia. Sou uma executora dessas vontades e levo as pessoas para onde querem ir, para que se harmonizem com si próprias.

# 5

## Outras experiências

Um dia, pouco antes de partir para uma longa viagem à Índia, percebi que uma glândula de Bartholin havia se tornado grande como uma noz. O médico que consultei disse-me que eu deveria ser operada imediatamente, pois não podia, de modo algum, tomar antibióticos.

Voltei para casa pensando em desistir da passagem aérea que já estava comigo. Considerando a grande paixão que tenho pelos encontros que uma viagem ocasiona, descartei a idéia de renunciar. Decidi entrar em meditação e "ver" o que acontecia à glândula. Respirando, desci em mim mesma e percebi, imediatamente, uma "voz" interior potente, tranqüila, que ordenava o aumento da temperatura corpórea, sugerindo-me uma respiração forçada a ser dirigida a uma parte do cérebro, o tálamo. Imaginei-o com a forma de uma grande castanha. Sem hesitar, aceitei o comando interior e comecei a respirar rápida e profundamente, concentrando o olhar no tálamo. Sentia que a respiração, com aquele ritmo acelerado, estava se tornando quentíssima. "Aumente a temperatura", era a ordem seca que ecoava a todo o momento. Continuei a forçar a respiração, aumentando a temperatura enquanto visualizava o sol.

Respirava convulsivamente, molhada de suor.

A cabeça parecia explodir. Eu via o tálamo acender-se com uma luz incandescente.

Meu corpo, esticado na cama, começou a estremecer. No início levemente. Depois, cada vez mais rápido. No esforço de aumentar a temperatura, inspirando e expirando, cerrara os dentes, mantendo a língua em uma posição que fechava um circuito energético. Percebia o rumor de uma forte vibração dentro do ouvido. Não tinha tempo para fazer-me perguntas, nem para ter medo.

O comando continuava a soar, sentia o calor aumentar e, com ele, a luminosidade do tálamo. Aumentavam também as vibrações, os tremores do corpo. Tive a sensação de que o tálamo explodiria e, nesse momento, o corpo parou. De repente, totalmente inerte.

Estava atônita, sem fôlego, incapaz de mexer sequer um dedo. Não sentia mais o corpo. Tinha me tornado espaço.

O coração parecia distante, não percebia as batidas.

De repente, tive um sobressalto, respirei um pouco e retomei o contato com a realidade.

Lentamente, consegui falar, mover as mãos e percebi que estava com muita dor de cabeça. O corpo parecia levíssimo, quase inexistente e, fora a dor de cabeça, experimentava uma sensação agradável e relaxante.

Verifiquei a glândula e, com incrível surpresa, percebi que estava completamente redimensionada!

Estava feliz. Podia partir.

Por dois ou três dias, tive uma leve sensação de atordoamento, e um pouco de febre. Depois, tudo passou e fiz uma maravilhosa viagem ao Himalaia.

Dois meses mais tarde, resolvi experimentar a mesma técnica para eliminar um abscesso de um dente, que me atormentava.

Quando a "voz" reapareceu, repentina e imperiosamente, dando-me a ordem de aumentar a temperatura, percebi que estava deitada em uma espreguiçadeira de madeira, de jardim, mas já era tarde demais para mudar de lugar!

Meu corpo, de imediato, começou a estremecer, com muito mais rapidez do que na ocasião anterior.

Estava com uma horrível dor nas costas, por causa da madeira, mas era impossível parar. Continuei a estremecer, embora desta vez com mais consciência, atenta, eu acompanhasse o processo enquanto ele ocorria.

Novamente visualizei o tálamo, comecei a aumentar a temperatura corpórea, respirando de forma cada vez mais intensa.

De novo, os movimentos cessaram quando o tálamo atingiu maior luminosidade.

Notei que havia utilizado muito menos tempo do que na ocasião anterior. O abscesso tinha desaparecido!

Compreendi que era capaz de desencadear automaticamente processos de cura e lembrei-me de que, com muita freqüência, comprara remédios para algumas dores que haviam sarado sem que chegasse a tomá-los. Absorvia sua essência, por meio da energia. Um médico muito especial confirmou-me que isso pode realmente acontecer.

É muito agradável ter consciência de que todos podemos despertar o curador interno.

A medicina tradicional explica, agora, como tudo isso pode acontecer. Não é maravilhoso?

Não é fantástico pensar que temos um instrumento em nossas mãos que podemos aprender a usar para construir parte de nossa felicidade?

Um dia, uma senhora de muita idade me procurou. Ela apresentava fortes dores nos joelhos e não conseguia sarar. Tinha um corpo tão pesado que parecia óbvio que os joelhos doessem! Ofegava um pouco e movia-se com dificuldade, agitando-se muito.

Sugeri-lhe que descansasse um pouco na poltrona. Pedi que fechasse os olhos e ritmasse lentamente a respiração, de modo que a expiração tivesse a mesma duração da inspiração. Ela se acalmou e relaxou. Seu rosto distendeu-se, e ela esboçou um sorriso. Pensei em como a respiração é útil e me dei conta de que as pessoas não sabem respirar corretamente. Não têm idéia de como, por meio dela, seja possível desfazer tensões, acalmar a asma, diminuir a intensidade de uma dor, eliminar a depressão.

Tentei passar as mãos sobre seus joelhos, mas fui atraída pelos rins e foi neles que me concentrei, sentindo, ali, um acúmulo de peso energético.

Pedi à senhora que descesse comigo em seu rim direito. Ela me descreveu com muita facilidade o caminho que via e, com a mesma facilidade, encontrou pedras e pequenos seixos que atrapalhavam o caminho. Entendi do que se tratava: cálculos e grânulos calcários. Expus-lhe minha visão das coisas e decidimos continuar a visualização para tentar eliminar o problema.

Com muita determinação, a senhora resolveu munir-se de balde, pá e vassoura, com os quais recolheria tudo o que obstasse o caminho. Disse que era noite e por isso não era fácil enxergar muito bem. Mas, tocando o chão com as mãos, sentia as pedras. Tirava-as e colocava-as no balde. Fazia a mesma coisa com os seixos. Quando o balde ficou cheio, pegou a vassoura e começou a varrer o terreno porque todo aquele pó a incomodava. Recolhia-o com a pá e jogava tudo no balde.

A um certo ponto, disse-me que havia parado e, sentada, olhava em torno, sentindo grande cansaço. Era, disse, cansaço acumulado durante os muitos anos em que cuidara de um irmão paralisado e de sua família. Lembrou-se de que corria sempre, de um lado para o outro, sem nunca ter um momento de descanso, pois não o merecia! Sentia-se culpada pela doença do irmão. Começou a chorar lentamente e recordou que tudo acontecera por causa de um acidente de carro quando ela estava dirigindo.

Chorou, pedindo desculpas pelo pranto. Disse-me que nunca se permitira chorar daquele modo. Sugeri que saísse do rim, levando o balde até que encontrasse um lugar para jogar fora o que recolhera. Encontrou um depósito de lixo, e, com um estranho suspiro de alívio, olhou-me sorrindo. Disse-me que chorar lhe dera uma leveza diferente, e que, durante a visualização, não sentira mais dor nos joelhos.

Saiu tranqüila, calma, sem sofrimento e parecia vinte anos mais jovem. Isso tudo ocorreu na sexta-feira. No domingo, às 6h30, enquanto eu ainda dormia em sono profundo, fui acordada com o telefone tocando. Era aquela senhora.

Pedindo desculpas, disse-me que não resistira mais. Esperara até aquela hora para me comunicar, ainda incrédula, a sua felicidade: às 3 horas expelira muitos grânulos calcários, três cálculos grandes e dois muito pequenos. Pediu novamente desculpas pelo horário, mas a emoção era grande demais para ser contida até as 9 horas! Bocejando, readormeci, contente.

# 6

## *Amar-se para sarar*

Somos nós que criamos nossas vidas, nossos problemas, nossas alegrias e, exatamente por isso, podemos aprender a curar aquilo que, inconscientemente, ajudamos a adoecer. A doença é, em geral, fruto da somatização dos desequilíbrios emocionais, do mal-viver, dos pensamentos negativos e repressores.

Durante anos de encontro com pessoas de muitas partes do mundo, vi casos de cura inacreditáveis. Gosto de poder constatar nosso poder de cura.

Gostaria ainda mais de perceber que os homens estão se conscientizando de que é possível aprender a prevenir uma doença, desfazendo os conflitos interiores que se somatizam no corpo.

É com essa finalidade que ensino a arte de viver. Procuro fazer com que as pessoas aprendam a viver de modo diferente, redescobrindo a paciência, a vontade, a coragem e o riso, ingredientes indispensáveis para encontrar o prazer de ser aqui-e-agora, com respeito por si mesmas.

Compreendo que não é fácil acreditar que podemos nos curar, mas essa é a verdade.

Em que circunstâncias estamos realmente bem?

Quando não temos pensamentos conflitantes que gerem dúvidas ou medos. Quando estamos tranqüilos, sorridentes.

Nesses momentos, as células regeneram-se e o corpo funciona bem. Se estivéssemos sempre em harmonia com nós mesmos, morreríamos serenamente de velhice, aceitando a morte com alegria e recordando que ela é apenas um aspecto da vida.

Durante o último congresso sobre cura consciente que organizamos em São Paulo, no Brasil, discutimos o caso de um jovem com câncer terminal que, depois de um mês e meio de intensas orações, visualização e meditação, conseguiu fazer desaparecer todas as metástases!

O poder da mente superior é realmente inacreditável: pertence à unidade com Deus. Podemos despertar para esse poder, por intermédio da meditação.

Meditar, visualizando todos os dias com um pouco de disciplina, tendo, às vezes, um objetivo específico, gera, portanto, milagres. São milagres pequenos e grandes que acontecem cotidianamente e que permitem descobrir a "magia" que há no ser humano. São pequenos, doces milagres que florescem como delicadas flores dentro da rigidez mental, dissolvendo-a como neve ao Sol.

É um prazer descobrir que podemos encontrar um "lugar" dentro de nós, onde existem a calma, a lembrança do sorriso, a serenidade e a alegria há muito abandonadas. É um prazer habituarmo-nos, confiantes, a perceber o perfume do aposento interior, a intuir forma e cores que o permeiam, sons que o tornam vivo e harmonioso.

Neste aposento especial, que todos possuímos, reina a suavidade, o juízo dorme no silêncio da mente e encontramos nutrição de paz para cada célula do corpo. Esta acalma a insegurança do pensamento e desfaz dúvidas, transformando-as em certezas tranqüilas.

Este aposento especial muda de imagem, de acordo com a etapa de desenvolvimento em que nos encontramos em relação ao caminho e à tomada de consciência de nós mesmos. É um aposento mágico que surpreende pelas várias sensações, visões e emoções que evoca em nossa mente sagrada, o coração. Meditar é encontrar-se, compreender-se, querer-se bem e... continuar na consciência do mundo infinito que somos.

Nada tem fim ou início, tudo sempre foi e será. Somos partes integrantes do todo. Sempre existimos e existiremos como energia pura na essência, em unidade com o absoluto.

Fazemos coisas inteligentes se nos concedermos, todos os dias, um pouco de tempo para relaxar o corpo em posição confortável. Fechamos os olhos para a realidade que nos circunda e encontramos a escuridão que é como a tela do cinema, antes que o filme seja projetado! Na escuridão, no afastamento deliberado da realidade, a respiração se torna mais perceptível e descobrimos que é possível intervir sobre ela, regulando-a de modo que seja lenta e profunda. Contamos mentalmente cinco, durante a inspiração e a expiração. Sentimos que a vida entra calma, e sai calma. Entra e sai e tudo é perfeitamente natural, tudo está relaxado. Experimentamos um "outro" estado de consciência!

Damos, conscientemente, ritmo à respiração! Descobrimos que é possível modular a respiração como quisermos. Somos livres. Podemos aumentar a lentidão e a profundidade contando até oito, para chegarmos a contar até dez, inspirando e expirando, sentindo o som do ar que entra e em que ponto das narinas a percepção da respiração é mais clara e intensa.

Se nos habituarmos a prestar atenção, a ser testemunhas do que acontece com a respiração, descobriremos que, por exemplo, nos momentos de raiva, temos a capacidade de desfazer a agitação que ela provoca. Ou, então, nos momentos de medo, quando o fôlego é curto e a barriga parece rígida como um tambor, podemos reequilibrar a ansiedade, concentrando-nos na respiração cinco ou seis vezes seguidas. Somos livres! Temos livre arbítrio. Podemos aprender a usá-lo para modificar o modo de viver, a realidade dos acontecimentos. Depende de nós!

O único modo de eliminar o sofrimento definitivamente é compreender que, apesar do fato de sempre encontrarmos pessoas que descarregam em nós suas emoções – não podemos mudar o mundo, nem a cabeça de todos – podemos mudar o "modo de reagir a isso", tornando-nos curadores de nós mesmos e do modo habitual de viver os problemas, que gostaríamos que desaparecessem, pois eles são a origem do nosso sofrimento!

Somos "muito mais" do que a educação que recebemos de nossos pais e do que as experiências tidas no passado. E é para descobrir esse potencial que podemos usar a respiração consciente, como instrumento de experimentação e compreensão de nós mesmos.

Tudo depende de nós, da vontade que temos de sair dos esquemas restritos de pensamento que aceitamos como nossos e da nossa confiança nesta viagem em busca da universalidade.

O mal-viver é um "vírus" comum às pessoas. Pode-se escolher entre ser contagiado, como a maioria, e acreditar que a felicidade não existe. Porém, o fato de o sofrimento assolar a todos pode levar a uma rebelião e nos fazer decidir pela consciência e pela meditação que proponho: um salto quântico que leva além do sofrimento!

A meditação requer várias qualidades pessoais que, em geral, os seres humanos evitam porque exigem esforço: força de vontade, confiança, disciplina, atenção constante. Mas, para sair do sofrimento, é realmente preciso ter "garra". De outro modo, aceita-se passivamente o pensamento comum: "...tanto... a vida é assim mesmo!"... e nos resignamos a viver mal.

Para viver é preciso ter coragem. Para viver mal... basta o medo. Já pensaram nisso?

Apesar das dúvidas e dos medos das pessoas, sempre houve homens corajosos que se aventuraram confiantemente a descobrir espaços diferentes, ousando colocar-se em jogo, sem dar ouvidos aos que desaconselhavam a aventura!

Para viver é preciso ter coragem, ousar, atravessar a soleira do que conhecemos até o momento, compreendendo que algo novo nos espera para viver melhor, cada vez melhor!

Sair dos esquemas tradicionais da vida comum implica despertar a inveja de quem não teve a mesma coragem, de quem aceita ajustes de interesse e se contenta com as misérias da vida, esquecido da abundância de bem e alegria que Deus criou! Depende de nós, apenas de nós. Podemos escolher.

Optei dar um salto quântico porque não suportava mais o sofrimento. Preferi encontrar o desconhecido, caminhar por lugares que não conhecia, pois não faziam parte da minha experiência. Aventurei-me com coragem e confiança em busca da felicidade e da paz que "eu" sentia que podia encontrar.

Ao contrário do que esperava, encontrei a felicidade na expansão de minha consciência humana, na minha capacidade gradativa de compreender os eventos da vida, eu mesma e os outros, e não, mudando as situações reais. Encontrei-a no silêncio da mente e no silêncio dos juízos e pensamentos. Foi lá que encontrei o amor e a compaixão que fizeram florescer a felicidade dentro de mim. Encontrei minha terra prometida.

Recolher-se em si, sem medo ou expectativas, sem críticas ou juízos. Recolher-se docemente, com um ato de amor que permite ser simplesmente expectadores do que o recolhimento produz e traz à tona, desde o plano mais profundo, do abismo que nos une a Deus no silêncio.

Meditar é viver. Aprender a viver com consciência, morrendo para velhos pensamentos, papéis e esquemas que nos privam do universo que somos e do infinito que talvez nos pertença.

A tela preta que surge quando fechamos os olhos é um convite a deixar memórias do passado, convicções, e entrar na obscuridade que preludia a aurora de nosso renascimento.

# 7

## Mais experiências

Encontrei, um dia, uma jovem farmacêutica que, aos 36 anos de idade, apresentava um linfoma que a estava destruindo. Seu corpo recusava até a quimioterapia. Por esse motivo, ela procurou ajuda da medicina alternativa ou qualquer tipo de auxílio que viesse da consciência, da origem psicológica de sua doença.

Não tinha defesas imunológicas, resfriava-se constantemente e era obrigada a passar longos períodos em um quarto asséptico de hospital ou fechada em casa.

Trabalhamos juntas por oito longos meses, visualização após visualização, com constância e obstinação surpreendentes.

Descobrimos as raízes de sua doença em algumas emoções. Desfizemos essas emoções, dia após dia, lutando contra o tempo e o sofrimento. Mas nada parecia mudar. Tinha dores terríveis que sobrevinham pontualmente após cada encontro. Naquele período, temi fazer-lhe mais mal do que bem, mas sentia que precisava tentar tudo. Ela estava disposta a aceitar o risco. Não tinha nada a perder. Sua vida estava indo por um fio.

A dor piorava cada vez mais. Eu estava desesperada, sentia-me um pouco responsável pelo seu sofrimento. Um dia, antes do Natal, encontramo-nos em sua casa, como sempre, para trabalhar juntas. Ela estava muito mal. Por um lado, detestava-me, pois considerava que o nosso trabalho causava o agravamento das dores. Mas, por outro, não queria dar-se por vencida e ceder ao câncer!

Naquele dia, trabalhamos com mais intensidade do que de costume e, ao final, eu disse uma frase terrível, que escapou de meus lábios sem que eu pudesse controlar: "Suas células estão mudando, você vai sarar logo". Ao ouvir minha própria voz, fiquei petrificada e me senti desfalecer. Perguntei-me como pudera pronunciar aquelas palavras de falsa esperança, se via dentro dela o câncer sempre igual.

Como pudera iludi-la, se, eu mesma, jamais aceitara ser iludida diante de minha própria morte anunciada?

Fui embora sem ter coragem de olhá-la nos olhos.

Dois dias depois, ela telefonou-me para dizer que decidira interromper nosso trabalho, pois estava muito mal. Senti-me culpada e também fiquei mal. Não aceitei mais trabalhar com câncer. Passaram-se meses. Não ousei telefonar-lhe porque temia encontrar a sua morte. Estávamos em 8 de junho, quando a encontrei em meu jardim. Ela correu ao meu encontro com uma folha de papel, rindo e chorando ao mesmo tempo. Mostrou-me o resultado dos exames que haviam chegado dos Estados Unidos: tinha sarado inexplicavelmente! Os exames estavam perfeitos. Como se nunca houvesse adoecido!

Suas células tinham me falado de mudança seis meses antes de o processo de cura se completar e se manifestar nos exames!

No ano seguinte, ela se casou. Agora, acredito que esteja feliz.

Depois de acontecimentos como esse, o que se pode pensar sobre o sentido de sermos humanos?

Essas experiências não são suficientes para mostrar que, se quisermos, lutarmos e acreditarmos, poderemos mudar pensamentos, emoções, células?

Muitas vezes, diante dos "milagres" que podemos criar, a mente humana chega a uma única conclusão: ele é diferente de mim, é especial, eu não consigo, não sou capaz! E com esse julgamento fecha-se a porta para a possibilidade de conseguir. Sei que todos os homens são portadores de um curador interno e que todos somos capazes, se quisermos, de ativá-lo. Mas sei também, por experiência, que não posso transformar desalento em confiança, medo em coragem, dúvida em ousadia. Sei que cada ser humano precisa se esforçar e responsabilizar-se pelo próprio modo de ser, para dar-se a possibilidade de construir um novo modo de ser na vida!

Todos que passaram por mudanças muito radicais sabem quão grandes foram os esforços, a atenção e a força de vontade. Decidir curar os pequenos pensamentos, restritos, doentios, limitados, requer garra.

Quando se consegue completar o caminho da cura e se chega a viver sem sofrimento, a vontade de abrir os olhos de quem jaz na escuridão da dor e da incompreensão surge de forma espontânea, floresce independentemente da vontade pessoal.

É como uma fonte que brota e transborda, repentinamente, sem que o pensamento possa detê-la. Acontece. Surgem, ao mesmo tempo, a compaixão e o respeito mais profundo pelos caminhos humanos e, assim, oferecem-se sementes de consciência, deixando que todos sejam livres para levá-las, quando quiserem, para germinar em sua Terra interior. Respeita-se o livre arbítrio; é impossível não respeitá-lo. Minhas palavras são sementes de consciência, depende de vocês plantá-las ou esperar, contemporizando.

Em meu caminho de busca de mim mesma, a regra era enfrentar a realidade, sem julgá-la, sem me deixar levar pelas emoções e sem intervir em meus pensamentos que, eu já sabia, eram frutos do passado e das experiências vividas. Aceitara olhar a realidade como era porque entendera que, se usasse os velhos parâmetros de julgamento, chegaria às mesmas conclusões de antes e recriaria as mesmas condições de sofrimento. E eu não queria isso. Para procurar não sofrer, "precisava forçosamente" de pensamentos novos, desconhecidos até então, para atingir novas visões da realidade, expandindo minha consciência, aceitando mover-me no desconhecido e encontrar modos diferentes de interpretar o que acontecia. Precisava criar silêncio, cada vez que o julgamento me levava a considerar algo óbvio.

Não foi fácil deixar de lado o conhecimento que tinha para penetrar em novas visões, mas eu intuíra que esse modo diferente de me relacionar com a vida, talvez... me permitisse viver de outro modo.

Eram apenas intuições, mas uma leve sensação de bem-estar me levava a continuar e a impor silêncio ao cérebro. Estava me tornando testemunha do que me acontecia. Sem julgamentos.

Descobri que eu imergia em todos os acontecimentos da vida para ter deles uma experiência completa, sem medo das conseqüências e sem expectativas. Descobri que quanto mais me permitia experimentar o que quer que fosse, o medo desaparecia com mais facilidade!

Descobri que vivera de ilusões e sonhos, descobri ter construído muitas pequenas mentiras para mim mesma. "Encarando-as", sendo delas testemunha, desapareciam e deixavam uma visão clara da realidade que dava bem-estar.

Compreendi que viver a meditação como uma surpreendente aventura, era como ter um mestre que ensinava a ser flexível, aberta, sorridente, a acreditar, compreender, confiar, amar!

Gostava de me recolher e encontrar as paisagens interiores, os verdes vales acariciados pelo vento, o céu límpido e imenso, as flores que desabrochavam quando eu passava, ou as grutas dentro das quais caminhava sem temor, para conhecer minhas vísceras. Gostava de estar no cume de uma montanha, de ouvir o barulho do oceano ou de passear na praia, sozinha, comigo mesma, sorridente, plenamente calma e alegre.

A meditação me dava tudo isso. Fazia-me sentir "em casa", não precisava chegar a lugar algum, atingir nenhuma meta, nenhum desejo: estava bem, perfeita e calmamente bem. Se enquanto meditava, estava tão bem, pensava, o bem-estar não era uma ilusão, nem impossível de atingir. Aprendi, assim, a observar cada vez mais os diferentes estados de espírito, a perceber quando surgiam e desapareciam. Tornara-me testemunha de mim mesma, do que me acontecia e descobri que sendo testemunha, "eu" era calma, perfeitamente calma! Observava as emoções nascendo, escoando e desaparecendo. Mas elas aconteciam na superfície, como gotas de chuva que escorrem sobre um casaco impermeável e não penetram em profundidade! Nada perturbava minha calma interior! Era estranho ter uma visão assim clara de mim.

Perguntava-me quem "eu" era, na realidade. Estava ficando interessante me descobrir.

# 8

## *Aventuras*

Em uma de minhas viagens dentro do corpo, repentinamente percebi que estava para cair dentro de uma célula nervosa. Tentei deter-me, mas não consegui. Quando estava dentro dela, vivi uma corrida frenética, passando de uma célula a outra, pelos filamentos sutis de luz potentíssima.

Não sei por quanto tempo viajei em alta velocidade pelo sistema nervoso, percorrendo corredores luminosíssimos, quase incandescentes. Quando tudo terminou, subitamente senti-me tão cansada que adormeci.

A partir daquele momento, percebi que uma paz diferente percorria não apenas minha mente, mas também meu corpo. De algum modo, criara um equilíbrio em meus circuitos!

Um dia, decidi alargar delicadamente as suturas cirúrgicas entre o intestino e o que restava do estômago, para diminuir o sofrimento que causava a passagem do pouco alimento que conseguia ingerir.

Desci ao interior de meu corpo até onde eu imaginava, estivessem as suturas. Toquei-as e, com surpresa, senti que alguma coisa machucava minhas mãos. O que poderia ser? Parecia metal!

Tocando atentamente e com curiosidade, cheguei à conclusão de que eram os pontos com que o cirurgião fizera a sutura. Achei que fossem a causa da dor e tentei intervir. Passei muito tempo massageando os tecidos que estavam rígidos, contraídos.

Procurei criar um espaço maior, delicadamente, para favorecer a passagem dos alimentos. Tocando aquela parte de mim, lembrei-me de quantas vezes me recusara a comer quando me sentia pouco amada ou incompreendida.

Sorri, lembrando-me disso. Muito tempo havia transcorrido e esquecera-me de tudo. Apenas naquele momento, naquela tensão, descobri a possibilidade de ter somatizado os conflitos interiores.

Decidi ajudar-me o máximo possível. Assim, pensei em usar óleo de amêndoas doces para amaciar os locais que estavam sob tensão. Encontrei uma parte de meu masoquismo passado, peguei-o e queimei-o, acendendo uma pequena fogueira dentro de mim. Queimei o medo de não ser suficientemente amada, presenteando-me com a aceitação de mim mesma, por intermédio de uma flor que plantei sobre a ferida.

Terminei o trabalho olhando em torno atentamente. Chamei a luz do sol para que tudo cicatrizasse bem e, verificando de novo se a passagem para os alimentos estava livre, saí do abdome. Depois de alguns dias, comecei a comer sem sofrimento. Por curiosidade, certa ocasião perguntei ao médico como eram feitas as suturas. Ele respondeu-me que usavam pontos metálicos. Sorri!

Um dia, aconteceu-me uma coisa terrível e, ao mesmo tempo, divertida. Uma senhora de uma certa idade, com muitos problemas intestinais, veio me procurar. Como sempre, ela me disse que ninguém encontrava solução para o funcionamento de seu intestino.

Tive dificuldades para fazê-la visualizar, pois ela não tinha muita cultura. Perguntei-lhe como eram as dores, e ela respondeu-me que eram agudas como agulhas, que lhe parecia ter um porco-espinho na barriga. Lentamente, com suavidade, levei-a a falar dos problemas que ela estava enfrentando com o filho drogado. Ela disse que as agulhas do porco-espinho recordavam-na a dor que sentia quando o filho roubava dinheiro para comprar droga ou quando tirava objetos de casa para vendê-los.

Não chorava, mas sua voz era um lamento doloroso. Pedi que tentasse fazer com que o porco-espinho saísse, encontrando uma saída dentro de si. Ela tentou muitas vezes, sem sucesso. Afinal, rendi-me e sugeri-lhe que voltasse alguns dias depois. Ela retornou um mês depois. Disse que esperara para vir porque o intestino finalmente funcionara, mas, infelizmente, apesar dos laxantes, o porco-espinho não saíra! Naquele momento, eu não sabia se ria ou se me acusava por estupidez.

Agradeci a Deus por não ter tido um colapso. Sugeri-lhe que respirasse lenta e profundamente. Quando ela estava bem relaxada, comuniquei-lhe, mostrando surpresa e alegria, que o porco-espinho tinha desaparecido, não estava mais lá... havia se dissolvido! Disse-lhe que não se preocupasse porque tudo estava resolvido!

Tranqüilizada, ela foi embora contente e eu fiquei satisfeita com a invenção criada naquele momento! Ela voltou outras vezes porque, disse, se sentia bem comigo... gostava de mim.

Desde esse episódio, passei a medir minhas palavras e nunca mais usei metáforas que pudessem criar problemas potenciais!

Temos sempre o que aprender na vida!

Aprender a perceber nossos limites e superá-los sorrindo. Experimentar a flexibilidade que o sorriso oferece para compreender que a vida é uma sucessão de aventuras que, se bem aceitas e vividas, eliminam o tédio, a monotonia, o abatimento, o cansaço.

Aprender!

Podemos aprender a nos movimentar de modo diferente, porque a cada dia que passa "somos" diferentes, mais maduros, "crescemos".

Nada que é vivo é fixo. Tudo está em contínua transformação.

E aprendi, um dia, a criar um rim feito de pura energia que substituiu o que fora retirado, cirurgicamente, muitos anos antes!

Recordava-me, do estudo da biologia, de como era feito um rim. Criei-o com imagens e dei-lhe vida com a respiração.

Construi-o mentalmente, novo, perfeito, funcional, plasmando-o com energia densa e luminosa. Com muita atenção, conectei-o à bexiga, por meio de um ureter perfeitamente cavo. Construí até os túbulos de Malpighi e coloquei a glândula supra-renal.

Trabalhei com grande precisão, usando as mãos energéticas para harmonizar a forma do "novo" rim no corpo.

Quando terminei o trabalho de construção por meio das imagens, o rim "artificial" foi percorrido por uma contração e adaptou-se espontaneamente, assumindo dimensões e posição precisas que pareciam ótimas!

Fiquei muito satisfeita e, desde aquele dia, dediquei sempre um pouco de atenção a meu órgão virtual, de modo a poder ajudar o rim verdadeiro!

A ciência demonstrou que há uma conexão entre mente e corpo e que podemos criar saúde física também, pensando e agindo de modo diferente do normal, desenvolvendo em nós um estado diferente de consciência.

## RELAÇÃO MENTE-CORPO

**Estresse Psicológico**

**Depressão, desespero**
Aumentam a produção de cortisol
(hormônio primário fruto de estresse)

**Sistema límbico**
Emoções são transformadas em sinais

**Atividade hipotalâmica**
Controla o cortisol

**Sistema imunológico**
Contém mecanismo anticâncer

**Supressão da
atividade imunológica**

**Atividade da glândula pituitária**
Hormônios hipofisários

**Sistema endócrino**
Cria desequilíbrio hormonal

**Crescimento das
células anômalas**

**Doença**

**Meditação**
**Intervenções psicológicas e relaxamento**

**Levam a tomar consciência da individualidade, criando harmonia**
↓
**Esperança**
↓
**Sistema límbico**
As emoções são transformadas em sinais

| **Atividade hipotalâmica** | **Atividade da glândula pituitária** |
| Controla o cortisol | Hormônios hipofisários influenciam o sistema endócrino |
| ↓ | ↓ |
| **Sistema imunológico** | **Sistema Endócrino** |
| ativa mecanismo anticâncer | Restaura o equilíbrio hormonal |
| ↓ | ↓ |
| **Crescimento da atividade imunológica** | **Diminuição das células anômalas** |

**Cura**

A ciência demonstrou que, ativando o hemisfério direito do cérebro, podemos ter acesso a um poder de cura, despertando o curador interno esquecido pelo abuso da lógica e da racionalidade a que estamos habituados!

O uso harmonioso dos hemisférios – a aceitação do fato de que somos racionais, mas também criativos e sensíveis – cria pressupostos de um bem-viver que previne doenças e pode curar facilmente nossa ansiedade, inquietude e depressão.

# 9

## A solidão sorridente

Decidi experimentar algo diferente, utilizando a visualização. Visto que visualizar era também um modo de repousar e de dedicar tempo a mim mesma, deitei-me confortavelmente no sofá, respirei entrando no ritmo da respiração, embalada por uma obra de Pachelbel de que gostava muito. Eu não tinha uma idéia clara do que procurava, mas tinha certeza de querer descobrir se as imagens podiam dar um auxílio diverso daquele já experimentado.

As doces notas da música abriram as portas para uma paisagem outonal. As folhas corriam, leves, ao vento, e me vi caminhar com a cabeça reclinada. Lentamente, uma grande melancolia apoderou-se de mim e recordei-me de que escutara inúmeras vezes seguidas aquela música na noite em que minha filha morreu. Ligara seu aparelho de som e, vagando como um fantasma pelo seu quarto, tentava entender sua morte. A música começou a ressoar em toda a sua ternura. Lágrimas escorriam sem parar, enquanto lembranças de meu passado com ela emergiam. A noite mais longa de minha vida ficou impregnada por aquela música. Caminhava sobre um prado que era um imenso tapete, feito de folhas douradas, vermelho-escuras, amarelas e ferrugem. Eu parecia estar esperando alguém. Depois, percebi que penetrava por uma longa picada entre as árvores. Aqui, a morte me esperava.

Fiquei impressionada com a visão. Era uma bela mulher, envolta em véus pretos que balançavam ao vento. Não senti medo. Seu olhar era profundo, extremamente humano. Era refinada, calma, serena. Estava esperando por mim, sem falar. Eu a teria imaginado como uma visão terrível, angustiante. Mas, em vez disso, fascinava-me, tinha um toque antigo, muito antigo, possuía a beleza que nasce apenas da harmonia.

Era delicada e permeada por doce altivez. Diante dela sentia-me só, mas só, de modo estranho.

Estávamos nos olhando nos olhos, enquanto as folhas voavam. Minha sensação era a de que estávamos ali por um motivo profundo. Deixei que as imagens fluíssem, curiosa.

Entardecia. Eu saboreava o fogo do sol que acendia o horizonte, e o olhar dela acompanhava o meu. Pensei: "Se consigo compreender as imagens que vejo dentro do corpo, posso entender também o sentido que têm".

Tudo estava calmo. Intuí que estava completando uma passagem, que estava ocorrendo em mim um crescimento que me daria, talvez, uma consciência diferente.

Respirei a presença da morte, senti o perfume sem tempo, toquei os véus leves, percebi sua ligação eterna com a vida, ouvi a sinfonia do universo levada pelo vento.

Senti-me dissolver em cada aspecto da natureza, fui terra e céu, folha e brisa, fui árvore, fui a própria morte.

Senti uma incrível emoção, descobri o sentido da morte e o renascimento a ela ligado, indissoluvelmente. Encontrei a morte como portadora de vida, entendi que tudo morre e se regenera a todo o momento. Senti aquela justiça que a mente só pode compreender quando se abre para uma visão mais ampla do sentido comum da vida.

Senti uma ternura ilimitada, entendi a perfeição da criação. Senti afastar-se de mim o sutil e distante rancor pela morte de minha filha. Senti que estava acontecendo uma cura, em nível muito, muito profundo.

Parecia que a morte, em toda a sua calma e beleza, tivesse se apresentado a mim para levar consigo o doloroso e sutil rancor daquele acontecimento que ficara fechado em mim. Compreendi e encontrei uma paz indefinível. Descobri-me só, mas unida a cada um dos aspectos da criação. Foi a primeira vez que trabalhei, por meio da visualização, criando, realmente, um modo diferente de ver as coisas. Mais amplo e mais profundo.

Ninguém está só, porque estamos em unidade com o universo inteiro, desde sempre e para sempre.

Concedi-me um pouco de tempo para pensar na morte de modo diferente, saindo dos esquemas mentais com os quais estamos habituados a vê-la: fim da vida, injustiça, perda de oportunidade, falta de sorte. Medo.

Descobri que a morte incute medo porque mostra o limite do tempo que temos para viver. Ou seja, mostra que não há tempo para satisfazer os desejos, faz-nos perceber todas as lacunas que temos, tudo o que gostaríamos de ter feito e não fizemos, mas adiamos.

A morte nos faz perceber que vivemos mal, que não estamos satisfeitos com a vida e que, se vivemos mal, é claro que não nos sentimos prontos para morrer... temos muitos desejos engavetados!

Lembrei-me de um exemplo: a vida é como um incrível supermercado, onde se encontra de tudo!

Minha tarefa é experimentar todos os pratos para descobrir os vários sabores da vida: doce, salgado, picante, azedo, ácido, forte, suave, pesado ou leve como o *chantilly*, sem descartar nada *a priori*. Experimentando tudo, começo a entender.

É suficiente que, sem temor, encha sempre meu carrinho com experiências diferentes, com o objetivo de perceber o sabor da vida.

Se aceito experimentar o medo e não fujo dele, descubro que, vivendo o que temo, sou capaz de superá-lo. Encontro uma capacidade que não acreditava ter. Se experimentar a raiva, tornar-me testemunha atenta, sem querer engoli-la para me livrar dela, vou descobrir que à sua base há um grande sofrimento que posso preencher com amor e ternura.

Experimentando todas as emoções, sejam elas amargas ou doces, encontramos, cada vez com mais clareza, a beleza recôndita, descobrimos nossos traços humanos profundos e começamos a viver sem mais fugir da vida, sem abandonar ou adiar nossas opções. Aprendemos, assim, a saborear tudo o que acontece, extraindo sabedoria e compreensão.

Deste modo, teremos uma vida com qualidade, plena, satisfatória. Quando a morte nos chamar para nos transformar em outro estado do ser, não teremos medo, pois teremos vivido intensamente, seremos plenos e poderemos deixar o "supermercado", encontrando espaços diferentes, na consciência de que nada morre realmente, mas tudo se transforma.

# 10

## Cura emocional

Ao elaborar a experiência que vivera por intermédio do encontro com a morte, intuí o grande auxílio que recebera. Compreendi claramente que vários tipos de cura podem ocorrer quando se utiliza a visualização. Percebi que se tratava de um ótimo instrumento de cura.

Continuei os exercícios, trabalhando sobre mim mesma, dando passos de gigante, cada vez que deixava as imagens vagar livremente. Descobri que o inconsciente me guiava em direção aos problemas não resolvidos e das dores antigas, quase esquecidas.

As imagens sabiam onde e como dissolver os bloqueios. Bastava ter confiança e segui-las, aceitando todas as visões que se criavam no caminho.

Trabalhei intensamente, concedendo-me todo o tempo de que precisava. Queria descobrir como transferir minha experiência para as outras pessoas.

Encontrei personagens simbólicos que, às vezes, acompanhavam-me, conduzindo-me além dos limites que conhecia.

Lembro-me de que, um dia, estava deitada, calma, saboreando o prazer da *Nona Sinfonia* de Beethoven, quando vi um belíssimo senhor, trajando uma túnica azul-claro, que sorria para mim e me convidava a seguir por um atalho em meio a um vale rico de vegetação verde-esmeralda. A paisagem era doce e silenciosa. Tudo estava em harmonia! Eu olhava em torno e sentia fluir em mim uma incrível calma e serenidade!

Eu caminhava descalça, sentindo a relva macia e fresca. Um perfume de ar límpido preenchia minhas narinas e, a distância, ouvia o rumor de uma cascata. Curiosa como sempre, continuei a visualizar e vi-me entrando em uma clareira onde havia uma fonte. A água estava transbordando e criava, assim, uma pequena cascata, que se transformava em torrente. A água era tão transparente que visualizei-me bebendo-a com avidez. O frescor que percebi era tão real, que me surpreendi.

O velho me olhava, sorrindo. Mostrou-me a paisagem intensamente verde e fez-me intuir que entrara em contato com minha capacidade de amar, com o coração.

Ela não se referia ao coração propriamente dito. Falava da sede do amor, do coração universal, da mente sagrada que tudo compreende e não cria discriminações ou juízos. A mente da sabedoria.

Minha imagem distendeu-se ao lado da cascata, levantou-se e entrou nas águas da cascata, de modo que elas caíssem sobre o centro de minha cabeça.

Tranqüila, eu sorria, parecia completamente satisfeita. Esta imagem suscitou uma pergunta: "Eu" estava tão satisfeita quanto ela? Perguntei-me se era possível viver todos os momentos da vida desse modo: tranqüila e serenamente, sem nenhum motivo especial.

Sentia que a resposta era "sim". Mas o que eu deveria fazer para viver assim? Qual seria a chave para criar aquela serenidade simples, natural e total? Senti que a chave era alcançar um estado de consciência diferente.

Desde aquela ocasião, todos os dias, tento perceber, com mais atenção, a origem das tensões que sinto e destruo-as na origem, criando em mim um estado de espírito diferente que me permita manter a serenidade diante de qualquer problema que a vida apresente.

No início não foi fácil perceber a ansiedade a tempo de dispersá-la, criando tranqüilidade.

Mas, aos poucos, tornei-me hábil em perceber a tempo as mudanças de humor, tornando-me capaz, lentamente, de transformar o estado em que me encontrava.

Descobri que, antes de tudo, precisava habituar-me a prestar atenção aos sinais do corpo. O modo de respirar, por exemplo, muda facilmente diante da ansiedade. O estômago e a barriga dão sinais claros, por meio de contração repentina ou da sensação de peso. A cabeça começa a doer um pouco antes de percebermos que estamos pensando com excessiva obstinação, e o pescoço endurece quando tentamos manter sob controle todos os eventos da vida. Cerram-se os dentes até doer, quando lutamos contra a insegurança e a falta de confiança.

Aprendi a manter-me alerta, para perceber as infinitas mensagens físicas que me ajudavam a compreender.

Foi um divertido período de aprendizagem: conversava comigo mesma em voz alta, como se fosse duas pessoas. Refletia comigo mesma e zombava de mim quando me descobria repentinamente tensa, com os dentes cerrados, os ombros contraídos, sem que tivesse percebido a tempo.

Transformar! Aprendi a transformar meu modo de ser, usando a consciência.

Como tudo é energia, todas as emoções podem ser transformadas, de negativas em positivas. Depende apenas de entender que "é possível". Basta tentar com confiança e vontade e não se desencorajar diante das dificuldades iniciais.

É uma escola que ensina a viver melhor, a ter mais serenidade e a ser mais saudável.

Quando existe um problema, o único modo de reencontrar a calma é resolvê-lo! Tensão e nervosismo não ajudam a encontrar soluções, apenas tornam tudo mais difícil. Compreender isso torna possível transformar o modo de viver os acontecimentos.

Certa ocasião, percebi que estava enraivecida apenas quando já tinha me transformado na própria raiva! Gritando e ouvindo-me gritar, andava pela casa, quando, ao passar diante de um espelho, vi-me refletida: meu rosto estava vermelho, os olhos estavam fora das órbitas, os músculos do rosto, tensos!

Achei-me tão ridícula e desairada que parei imediatamente. Não sabia o que fazer com a força da raiva que me invadia e, assim, cantei com todas as minhas forças Vincerò[*], até perder a voz!

Foi a última vez em que fui tomada pela raiva.

A imagem no espelho me fizera entender que, mudando o estado de consciência, tudo poderia ser transformado e adquirir uma harmonia diferente.

Ao aprender a superar a raiva, adquiri alguma coisa a mais para ensinar aos outros! Aprender a usar a criatividade para desfazer comportamentos precedentes sempre que os detectamos! É apenas assim que a vida pode mudar: criando mudanças contínuas, a cada instante, momento após momento.

Pesquisas científicas comprovam que basta modificar o estado mental habitual para viver melhor e de modo mais saudável!

Assim, lancei-me em busca da soberba que trazia em mim e descobri que era forte. Mas retirei dela a armadura pesada que me fechava dentro de mim mesma.

Certa vez, estávamos fazendo uma visualização de grupo para verificar se nossa feminilidade era agressiva ou suave, e se estava em paz com o mundo.

---

[*] Famosa frase musical da ópera *Turandot*, de Giacomo Puccini. (N. da T.)

Mulher nenhuma gosta de admitir sua parte belicosa. Todas gostariam de saber-se sempre meigas e inocentes e de atribuir aos outros a responsabilidade pela própria agressividade! Por meio da visualização, levei cada participante a se imaginar vestida, observando as roupas e as eventuais armas e armaduras que estavam usando. Depois, pedi que se imaginassem nuas. Ao final do exercício, discutimos, como sempre, as constatações de cada uma delas. Algumas se viram armadas até os dentes, outras se encontraram sob as vestes de um guerreiro e outras, ainda, com bombas nas mãos. Uma única mulher – que me parecia a mais veladamente agressiva – não descobrira nenhuma arma, como havia "previsto"! Fiz, então, um jogo apenas com ela. Pedi que se imaginasse de novo vestida e descrevesse as imagens em voz alta. Ela dizia se ver muito bonita, com grandes olhos verdes, meigos, com um vestido de camurça igual ao de uma índia americana, belos sapatos de couro, tranças enfeitadas com miçangas, uma saia franjada, mas nada de armas! Sugeri que olhasse as costas da imagem e ela gritou: "Meu Deus! Estou cheia de facas afiadas na cintura, tenho até um pequeno revólver!". Fiquei surpresa, mas ainda não era suficiente. Intuía que havia algo mais.

Pedi que imaginasse, novamente, despir-se e que se visse nua. Ela viu-se em pé, com os braços ao longo do corpo, completamente nua e sem armas. Rindo, tomou a iniciativa de virar a imagem de costas. Notou, com alívio, que não havia armas! Suspirou aliviada. Condescendente, sugeri que levantasse os braços. Quando o fez, ela descobriu que, sob as axilas, havia dois estiletes, que não eram visíveis com os braços abaixados!

O grupo todo riu com gosto, zombando dela. Ela também riu. Por muito tempo esse episódio foi motivo de brincadeiras. Fizemos, em seguida, um belo trabalho que levou a descobrir feridas do passado que haviam determinado comportamentos sutis e simulados de agressividade, em relação aos outros e a nós mesmos. Durante esse trabalho, sempre que alguém se tornava agressivo, todos diziam, rindo, "Levante os braços!".

As imagens que criava dentro de mim, dando prosseguimento a meu percurso, passearam pelo universo, encontrando-se às vezes sentadas sobre planetas que davam sugestões, aventavam uma visão universal e o abandono de velhos esquemas mentais para chegar a uma mente superior.

Foi um período fabuloso!

Minha criatividade se desencadeara, tomara a dianteira. Sentia-me como *Alice no país das maravilhas*: conversava com árvores falantes, parava no meio do caminho, especulava sobre o amor universal e sobre o divino oculto em cada ser.

Falei com a água, com o curador das montanhas, com a Lua e o Sol. As nuvens, por exemplo, disseram-me ser pensamentos da mente que perturbam a paz, criam dúvida e obscurecem o sol da consciência. Disseram-me que, do mesmo modo em que se formam e se dissolvem, todos os pensamentos opressores e nebulosos podem se dissolver. Basta ter um pouco de paciência!

Aprendi a gravar cada sessão, para ouvi-la depois. Eu intuía que a simplicidade daquelas imagens, na verdade, tinham significados profundos, que mereciam reflexão.

Comecei a perceber que cada visão é uma metáfora à qual é possível atribuir muitos significados, de acordo com o nível em que nos encontramos.

Ouvi a fita cassete muitas vezes. As imagens mudavam e tornavam-se cada vez mais claras. Compreendi que "eu" estava aberta a significados mais profundos.

Encontrei outro jogo fascinante que não só evocava grandes valores, mas, principalmente, criava enorme paz e harmonia. Eliminava emoções oprimentes, transformando-as.

Continuei meu trabalho normalmente, experimentando comigo mesma esse novo caminho.

Certa vez, sugeri a uma pessoa que viajasse dentro de si, descrevendo o que via, sem julgar. No início, ela temeu não ver nada. Depois, relaxou e começou a descrever o percurso que fazia.

Encontrou vales e montanhas, atravessou uma torrente sentindo-se alegre e jovem, entrou em um bosque e começou a ter sensação de medo. Sugeri que respirasse e tivesse confiança. Continuou pela picada que se tornava cada vez mais difícil percorrer e acabou dentro de uma gruta. Seguindo uma luz que vinha do fundo, penetrou na gruta até atingir uma sala redonda escavada na rocha. No centro, havia uma lareira e uma cadeira de balanço na qual estava seu avô, fumando cachimbo.

Surpreendeu-se com a imagem. Comentou que havia muitos anos não pensava no avô. Desde que era criança! Quando o avô o chamou, aproximou-se da lareira. Chorou, ao descrever o abraço que estava recebendo. Diante de mim havia um adulto comovido, vivendo um abraço fantástico por meio de imagens!

Ele disse-me nunca ter provado tanto afeto e que essa sensação de amor o liberara de um sentimento de culpa muito antigo. Quando menino, não quisera ver o avô morto e os pais haviam-lhe dito que o avô jamais o perdoaria.

Depois do abraço, a imagem mudou completamente. Ele viu-se adulto, tranqüilo, correndo em busca da realização de um projeto de trabalho muito importante.

Ao sair da sala, piscou para mim e disse acreditar que seu avô o ajudaria porque o amava muito. Voltou logo depois, deu-me um beijo e saiu novamente.

Enquanto trabalhava no modo anterior, eu compreendera que todas as imagens tinham significado, mas foi por meio dessa segunda parte que focalizei o poder terapêutico das imagens.

Considerando-se que cada um cria sua própria viagem, eu podia deduzir que todos soubessem para onde se dirigir e como fazer para curar-se!

Percebi, então, que já sabemos tudo, potencialmente. Precisamos apenas agarrar a oportunidade e descobrir.

A esse ponto, viajar dentro de mim tornara-se um verdadeiro prazer. Às vezes, deitando-me para começar a visualizar, imaginava ir ao cinema e assistir a um filme novo, do qual era protagonista em meio a muitos atores que mudavam sempre.

Em todos esses anos, nunca encontrei duas vezes a mesma imagem ou paisagem. Isso demonstra que tudo muda e cada ser humano é diferente de outro, em todos os momentos.

O que temos em comum são as imagens que, apesar de serem utilizadas de modo diferente, são as mesmas para todos. A interpretação do significado metafórico pode, portanto, ser aprendida.

Trabalhei com chineses, turcos, alemães, brasileiros, italianos e sempre encontrei a essência de cada um, graças às imagens. Descobri, portanto, que existe realmente uma linguagem universal que une a todos independentemente de cultura, língua, religião.

Comecei a usar, então, também com as outras pessoas, o mesmo caminho dirigido à descoberta das emoções.

As pessoas descobriam velhas traições, vividas com grande sofrimento, que permaneciam trancadas em armários colocados em profundidade.

Com freqüência, encontravam a juventude esquecida, a criança interior, a antiga alegria. A vontade de rir, então, reacendia-se repentinamente, ao menos por um algum tempo.

Depois de cada visualização todos mostram-se mais serenos e sorridentes do que antes. Em onze anos de trabalho, jamais alguém saiu da visualização transtornado ou com o sofrimento agravado.

No Brasil, experimentei esta técnica com doentes terminais de câncer, notando, com prazer, que, desse modo, esquecem a doença, por algum tempo, voltam a sorrir, distendem-se e os exames melhoram.

Descobri, também, que em casos de doença muito grave, a visualização guiada ou autocontrolada cria condições especiais de harmonia e ajuda os pacientes a desfazer tensões e medos, melhorando a qualidade de vida. É claro que é necessário constância e perseverança para manter o bem-estar.

Comecei a fazer visualizações em grupo, abrindo-me àquilo que o grupo comunicava por meio da energia e obtendo imagens do conjunto de inconscientes que recebia. Não havia um ponto de partida definitivo, nem um ponto de chegada. Relaxava-me e esperava receber as imagens que o grupo transmitia como se fosse uma unidade. O grupo parecia combinar entre si, durante o relaxamento, a direção em que conduziriam a visualização!

O resultado foi muito bom, também nesse caso. Muitas vezes, durante esses encontros, acontece um pranto de desabafo, de comoção ou de dor, que cria bem-estar e calma. Ocorrem também risadas irrefreáveis que contagiam o grupo. Todos se divertem muito e o estresse se dissolve com o riso.

Ainda nesse período, descobri que a vibração de minha voz, durante as visualizações, tem poder terapêutico. Uma parte da disciplina Zen ensina a usá-la como tratamento e arma de combate!

Decidi formar grupos que pudessem aprender visualização e meditação e, em seguida, ensiná-las aos outros. Dei vida, com isso, a uma formação trienal que denominei "A arte de viver e morrer".

Por intermédio dessa formação, criam-se as bases para um caminho que permite tomar consciência do presente, do "aqui-e-agora" que vivemos, e morrer em relação aos velhos esquemas mentais e às idéias fixas precedentes. A finalidade é aprender a renascer continuamente para a nova vida, respeitando o próprio crescimento.

Eu ensino e faço as pessoas experimentarem tudo o que aprendi por meio da experiência, confiando nos resultados que obtive e que outras pessoas também obtiveram.

A qualidade de vida surge desse caminho. Dá sabor ao cotidiano, permite-nos estar em harmonia com nós mesmos e com os outros, originando um respeito profundo, diferente. Esse caminho precisa ser percorrido passo a passo, entrando em contato com os níveis mais sutis que se abrem a nós, graças ao crescimento.

Precisamos começar a entender quem somos realmente e descobrir que criamos a vida, abrindo-nos ao espaço infinito que somos interiormente.

# 11

## *As partes de nós que detestamos*

Dediquei uma parte de minha pesquisa à identificação dos aspectos que, muitas vezes, as pessoas detestam em si próprias.

Uma jovem que não podia ter filhos encontrara em seu caminho, imagens que lhe propiciaram uma nova experiência.

Ela me procurou porque estava à beira da depressão. Nada lhe interessava e ela sentia muita raiva de alguns aspectos seus que não lhe agradavam.

Decidimos sair em busca das partes que detestava. Ela encaminhou-se por um território árido, quase desértico. Via montanhas, sem árvores em torno de si, e terra seca sob os pés. Sentia desconforto, via-se caminhar com dificuldade, como se quisesse fugir para o lugar de onde vinha. Sugeri que não interrompesse o filme a que estava assistindo e pedi que acelerasse o ritmo da respiração, pois sei que, deste modo, é possível afastar os pensamentos mentais que desviam a atenção.

O mal-estar continuou até que surgiu uma sensação de raiva. Ela começou a chorar, vendo a imagem da mãe que se aproximava. Tentava se esconder, não queria vê-la. Desacelerando a respiração, aceitou deter a imagem e encontrar a mãe.

O ar lhe parecia imóvel. Ela não ouvia nenhum som, e a paisagem lhe parecia sem vida. Encontrou o olhar rígido da mãe que a julgava. Quis fugir. Sugeri que se aproximasse dela e a abraçasse.

Surpresa, ela me disse que sua imagem já tinha se levantado e a estava abraçando, apertando-a contra o peito. Com aquele abraço repentino e imprevisto, ela percebeu o sofrimento e a desilusão pelos quais a mãe passara na juventude, sentiu sua fragilidade e compreendeu que a dureza e a rigidez haviam sido apenas defesas.

Chorou de emoção e, apertando-a mais forte contra o peito, descobriu... que estava abraçando aquela parte de si que jamais aceitara: sua dureza. Chorando de alegria, e rindo, ela continuou a abraçar-se, pronunciando palavras de conforto e compreensão. Descobriu, em seguida, que as montanhas tinham-se coberto de relva e de árvores floridas. Passarinhos voavam cantando, e uma torrente irrigara a terra, fazendo-a florescer.

Conversamos longamente, e ela contou-me seu passado. Descobrira tantas coisas em uma única viagem interior, que a depressão e o desânimo de viver desapareceram. Posteriormente, feliz, ela contou-me ter tido um filho lindo, a quem ela ama muito!

Uma outra pessoa contou-me que desejava muito viajar, mas tinha terror de fazê-lo. Por meio da visualização, ela descobriu que tornara sua a ansiedade de sua mãe, que perdera um filho em uma viagem. Ela liberou-se da inquietude, obrigando-se pela primeira vez, com um ato de força de vontade, a voar até o Quênia. A partir daquele momento, realizou o sonho de percorrer o mundo.

São inúmeros os casos de que poderia falar: pessoas que tinham absurdas fobias por supermercados, alimentos, automóveis etc. Todas detestavam esses medos, odiavam suas próprias fobias e não conseguiam explicar os motivos que as determinavam.

Todas descobriram, sozinhas, por meio de breve viagem interior, um patrimônio herdado da família de origem e aprenderam a liberar-se dele com confiança, coragem e um pouco de exercício.

Encontraram a arte de viver, morrendo para as memórias e condicionamentos do passado.

# 12

## *Respirar é viver*

A visualização é um instrumento muito refinado, que nos permite perceber a contírua evolução pela qual passamos. Podemos, assim, ter consciência dela e dela obter ajuda. Mostra que somos capazes de compreender os problemas, descobrir suas origens e encontrar o modo de resolvê-los. E, ainda, que podemos ser nossos próprios curadores, nos mais diversos níveis.

Se considerarmos que somos parte integrante da natureza e que crescemos constantemente com ela, perceberemos que nossa capacidade de cura só pode aumentar!

Através das experiências vividas, a sabedoria, a maturidade e a capacidade de interagir aumentam!

Se realmente entendêssemos tudo isso, viveríamos de outro modo, mais tranqüilos e serenos, confiando mais em nossas capacidades. Mantendo-nos calmos diante das situações da vida.

Se praticada com freqüência, a visualização nos torna conscientes de nossa evolução, garante nosso bem-estar e a harmonia de que precisamos.

Notei outra pequena, mas, importante mudança que acontece quando eliminamos tensões: aprendemos a respirar de modo correto!

A maioria dos seres humanos não respira corretamente porque respirar implica viver e as pessoas têm medo de viver pois não conhecem a própria capacidade! Basta olhar em torno para ter a confirmação disso. Poucos respiram usando o abdome; muitos bloqueiam a respiração na altura do peito.

Fazendo viagens em nosso interior, nossa respiração torna-se profunda, lenta, relaxada e proporciona bem-estar não apenas aos órgãos, mas também à mente.

É indispensável refletirmos a respeito de nosso modo de vida quando nos defrontamos com graves embates, que transtornam e evidenciam nossa fragilidade e ausência de valores.

Mas são os acontecimentos desestabilizantes que nos dão a oportunidade de mudar o relacionamento com a vida e de nos conhecermos.

Encontrando a morte através do câncer, descobri a cura pela visualização, associando-a à medicina tradicional. Com a morte de minha filha e o caminho que então surgiu, encontrei a cura emocional e espiritual, passeando por paisagens da linguagem imaginária, descobrindo a sabedoria das imagens simbólicas e percebendo que conhecia o modo de ativar meu curador interno.

A medicina tradicional, como já disse, está hoje se interessando por tudo isso. Está descobrindo as infinitas potencialidades do ser humano. Verificou, por meio de estudos e pesquisas, como o hemisfério direito do cérebro, criativo e imaginoso, pode ser o instrumento capaz de efetuar a cura milagrosa, inexplicável para a simples lógica racional.

As imagens que podemos encontrar dentro de nós permitem-nos perceber os papéis que assumimos e as máscaras que aprendemos a usar. As máscaras são uma defesa em relação a quem está perto de nós na vida.

Grande parte do sofrimento é fruto dessas atitudes que, inconscientemente, aprendemos e que nos mantêm afastados de nossa verdadeira e preciosa individualidade. As máscaras são modos artificiais de nos apresentarmos aos outros, à sociedade. Aprendemos a ser o que não somos e a agir segundo regras do ambiente, por medo de não sermos aceitos ou amados se formos "diferentes".

Também descobri os papéis que representava e quanta energia vital desperdiçava assumindo atitudes a fim de ser agradável e amada. Aprendi a ter coragem de deixá-los de lado, cedendo ao desejo de ser simplesmente eu mesma, aceitando minha natureza individual. Descobri que quando conseguimos ser naturais, conquistamos ternura e respeito por nós mesmos e pelos outros seres humanos.

A visualização é uma técnica irrepreensível, se bem utilizada. As imagens nunca são mentirosas, podemos confiar naquilo que mostramos a nós mesmos e aceitá-las como estímulo para a transformação.

É claro que há vários tipos de imagem. Mas, com técnica e confiança, é fácil compreender quando são criadas pelo pensamento e quando o são pela nossa condição humana profunda. É só questão de prática.

Tirar a máscara nos torna livres e leves, sorridentes e flexíveis, compreensivos com nós mesmos e com os outros.

Na antiga Grécia, um único ator representava vários papéis na mesma peça. Era obrigado a usar várias máscaras para interpretar diferentes papéis simultaneamente. Isso mostra que fomos treinados a exercer diferentes papéis, de acordo com quem está diante de nós, sem jamais sermos o que realmente somos. Quanto esforço e tensão implica este trabalho contínuo!

Este esforço pode ser eliminado para que vivamos melhor, muito melhor. Podemos nos aceitar sempre para curar velhas feridas, criar bases para a prevenção de uma doença e objetivar a qualidade de vida, mais do que sua duração.

Eu compreendi que podia usar as 24 horas do dia para descobrir quem era, na realidade, pois vivia todos os momentos em minha companhia!

Percebi, então, que havia possibilidade de me descobrir e de entender quem era realmente! Podia ser um mestre constante para mim, para viver melhor, para ser mais serena e saudável. Por que perder a ocasião? Por que continuar a sofrer? Por que viver mal quando ainda há uma possibilidade de encontrar a serenidade?

Foi por esses motivos que resolvi compreender as máscaras de soberba e vitimismo que usava, os papéis que interpretava para me defender e mostrar-me forte e aqueles que interpretava buscando atenção e consolo. Trilhei um percurso fascinante, às vezes desesperador, mas intenso, belo e produtivo. Um percurso em minha companhia, para descobrir o que conhecia de mim, para me encontrar e entender o sentido da minha vida. Continuava a viver minhas imagens por uma hora, todos os dias. Nesses momentos, distendia-me e deixava que o filme se acendesse por trás de meus olhos fechados à realidade externa. Depois, testava-me em tudo o que acontecia durante o dia: eu era o laboratório de mim mesma! Não me entediava mais. Os dias não eram mais cinzentos, banais ou insípidos. Encontrara um objetivo e um significado e o riso voltara, fazendo-me sentir novamente alegre e feliz.

Era bom encontrar de novo o sorriso. Meus pensamentos e emoções estavam sarando e meu corpo os acompanhava. Eu estava bem!

O curador interno funcionava com facilidade crescente e o meu esforço para viver diminuía a olhos vistos.

As imagens mais luminosas mostravam-me simplesmente o contraste entre a escuridão dos pensamentos e a luminosidade das visões que se abriam ao olhar interior. Eu transformava minha mente evocando momentos de serenidade, instantes de alegria. Assim, as máscaras se dissolveram como neve sob o sol de uma consciência diferente de mim.

# 13

## *A visualização como proteção*

Viajei pelo mundo, encontrei gurus e mestres sufis, iogues, lamas tibetanos, xamãs africanos, peruanos. Todos passaram a fazer parte da minha história, ajudando-me a entender o sentido profundo do percurso que surgia espontanemente em mim.

Os encontros aconteciam como se eu tivesse sido empurrada para o lugar certo, no momento certo.

Índia, Nepal, Egito, Senegal, Brasil, Turquia, Sri Lanka, Birmânia, Mali, Quênia, Costa do Marfim, Peru, Guatemala, México, em toda parte, a magia de momentos especiais.

Pareciam encontros marcados havia muito tempo.

Certa vez, viajando por lugares desolados e com pouco turismo, descobri que, com as visualizações, aprendera mais do que imaginava. Uma noite, no Himalaia, a 5.900 m de altitude, sob chuva constante, fui obrigada a ficar em pé, sobre poças d'água, até o alvorecer. Ou, então teria de dormir sob um velho pára-quedas transformado em barraca, entre cobertas pesadas que pareciam ter movimento próprio, tantos eram os mosquitos que abrigavam! Admito que a situação era difícil. Minha mente se recusava a aceitar o fato de estar sob a chuva e deitar-me na barraca em meio aos insetos. Depois de três dias, viajando continuamente em ônibus indianos, por estradas inexistentes, beirando precipícios de quatro mil metros, não é agradável ficar em pé, sem proteção, exposta ao frio! Não havia árvores, e o chão estava tão molhado quanto eu, que descera de um ônibus em que chovia dentro!

Entrei na barraca pela segunda vez. Decidira ficar sentada sobre as bordas das cobertas estendidas no chão, esperando o amanhecer. Sentia dores no corpo todo. Minhas roupas estavam molhadas, batia os dentes de frio, e não havia luz. Uma vela tremulando me indicava o catre. O que fazer? O rim gritava "deite-se!". Se fechava os olhos, minha imagem sorria como sempre, abrandando a situação. A vela se apagou e o desespero foi total. Eu tinha a sensação de que os mosquitos subiam pelas minhas pernas e entravam em minhas meias. Abri a barraca para sair: chovia a cântaros. A escuridão era total e eu sentia mais frio ainda. Olhei de novo para a imagem sorridente, com inveja de sua tranqüilidade e a voz repentinamente disse: "Deite-se e crie um fio de energia que envolva completamente seu corpo". Era mais fácil acreditar na voz quando estava deitada na cama e ela me sugeria respirar e elevar a temperatura!

A voz insistia! Comecei a visualizar. Criei um fio de ouro aceso, muito intenso, e enrolei-o estreitamente em torno dos dedos dos pés, dos tornozelos, ao longo do corpo todo.

Eu estava me transformando em um casulo de borboleta de ouro. A sensação era agradável e estava tão compenetrada no trabalho, que não sentia mais os insetos na perna. Quando acabei de me envolver completamente com a energia de ouro, senti calor dentro do corpo. Parei de bater os dentes e a voz ordenou: "deite-se!". Deitei-me, ouvi vários rumores, as cobertas pareciam não ter mais peso e, acendida de ouro, protegida pela minha energia, caí em sono profundo até o amanhecer.

Quando acordei, antes do sol nascer, retomei a viagem. Não tinha sequer uma picada de inseto e sentia-me descansada. Perguntei-me se fora auto-sugestão. A resposta foi "E se fosse? Por que não usá-la se funciona?".

Viajando, aprendi a cobrir de energia de ouro todos os alimentos que me pareciam "horríveis" e que era obrigada a comer, pois não havia mais nada. Cobria também tudo o que me ofereciam para beber, e que não podia recusar, em cerimônias ou rituais.

Nunca tive problemas desse tipo durante todos os anos em que viajei pelo mundo. Aprendi a proteger tudo com o fio de energia. Protegi a mim mesma em situações difíceis e em momentos de perigo. Funciona. Sugestão ou não, funciona.

Ensinei a viajar pelo mundo de modo diferente, levando pessoas comigo, criando seminários itinerantes, aceitando entrar no rio da vida sem expectativas ou resistências, abraçando a escolha religiosa de todos os povos, sabendo que todas levam a Deus.

Participamos, assim, de cerimônias sagradas budistas, sufistas, tântricas, xamanistas. Encontramos videntes, faquires, pessoas capazes de se comunicar por meio da leitura da borra do café, dos olhos, das pintas, das mãos, folhas de cocaína, das conchas e da areia. Um mundo diferente manifestou-se durante as viagens, fazendo-nos compreender que estamos todos caminhando na mesma direção: queremos descobrir quem somos e o que é a vida. Aprendemos a viajar confiando no instinto, seguindo metas e itinerários propostos de maneira imprevista, sem jamais perder a possibilidade de encontros especiais.

Tudo amplia as fronteiras da mente, abre espaços infinitos. Há limites infindos a serem alcançados, superados. Desse modo, a vida adquire fascínio e torna-se a aventura que deve ser.

Eu havia entendido que tudo surgira espontaneamente de um plano unitário. Eu já era parte imprescindível dele. Minha tarefa era conduzir a esse ponto todos os que quisessem compreender por que estamos no mundo.

Vivi, certa vez, uma iluminação. A ocasião não parecia diferente de qualquer outra.

Senti um golpe seco na cabeça e percebi duas poderosas ondas de energia dourada surgirem ao lado das costas. Elas uniam-se no centro do abdome, invadindo meu corpo inteiro.

Fui invadida por uma luz dourada, incandescente e ofuscante. Transformei-me em uma explosão de energia que eliminou meus limites habituais. Fui completamente aquele ouro, desapareci para sempre às formas definidas, morri e renasci em unidade com o universo.

Chorando de emoção, agradeci meu passado silenciosamente. Agradeci à dor e à alegria que encontrara, vivendo.

Agradeci à minha morte que não acontecera e à morte de minha filha; ao tormento, ao medo, às dúvidas, ao desespero, à coragem, à loucura, à vontade de viver e de morrer para a ignorância!

Agradeci de coração às imagens que visualizara e a todas as viagens que me permitiram viver para aprender a morrer para os falsos condicionamentos da mente. Agradeci às imagens de cada ser humano que escolhera partilhar as viagens interiores comigo, experimentando meu estupor e bem-estar. Compreendi que atingira uma meta, que era o início de algo diferente, que a expansão da felicidade é o objetivo da criação. A imagem de mim mesma reapareceu. Estava sorridente como sempre e eu, agora, sorria como ela. Olhou para mim e me ofereceu um bastão de madeira. Era um belo bastão, simples, feito com um ramo de oliveira. Quando, na visualização, o aceitei e senti-o nas mãos, floresceu. Um pequeno ramo, macio e verde brotou da madeira. Uma última vez a voz ordenou: "Desça até o vale e use o bastão; precisam ver o que não vêem, escutar o que não escutam". Pensei: "Como? Acabo de subir e já preciso descer?". Depois, sorrindo, encaminhei-me com o bastão e tentei despertar outros seres humanos para a mesma consciência. Foi com essa finalidade que comecei a escrever estes textos.

A vida é um caminho fascinante que merece sempre ser vivida. A dor também possui sua beleza. Basta deixar para trás o medo de sofrer e aprender a ser a própria dor quando ela chega, sem julgá-la injusta.

A dor é um remédio amargo que nos faz sarar das falsas ilusões. Ao nos despedaçar, transforma o sentido da vida. É preciso recebê-la como um ensinamento e não como injusta castração ou ferida.

Cada ser humano tem seu modo de reagir ao sofrimento, mas é possível aprender a vivê-lo como oportunidade de crescimento. Como sempre, depende de nós. O pensamento racional, habituado a comparar e a medir, não pode compreender o lado positivo da dor. Mas o cérebro só sabe calcular as perdas e é limitado demais para compreender. A mente sagrada pode entender e, por meio da compreensão, fazer-nos crescer. À medida que uma árvore torna-se mais alta, a visão que sua copa tem da paisagem se modifica. Por que, então, não deveríamos encontrar uma visão diferente da vida, ao mesmo tempo em que crescemos? Todas as vezes que conseguimos abrir uma brecha entre os pensamentos que se acavalam na mente, encontramos um espaço que nos concede tranqüilidade. Nesses momentos de calma, o corpo vive e respira, relaxado. A meditação nos leva nesse sentido. Nela precisamos estar vivos e atentos, e não adormecidos e inconscientes. A meditação é como um rio em que podemos entrar, acreditando que a água nos sustenta perfeitamente, se não nos debatermos nem lutarmos.

Na meditação é preciso render-se, ter confiança, abrir-se naturalmente como uma flor e assim... tudo acontece com naturalidade e simplicidade. Se somos a origem da luz e reflexo de Deus, se nos tornamos conscientes dos papéis, máscaras e atitudes que assumimos durante a vida, podemos compreender de que modo aprendemos e podemos desaprender. O verdadeiro compromisso consiste em aprender a desaprender o que aprendemos! Parece jogo de palavras, mas é assim! Se para sermos amados utilizamos a máscara daquele que está "sempre disponível", podemos tirá-la. Se para não reconhecer nossas necessidades utilizamos a máscara da soberba, podemos tirá-la. O mesmo pode ser feito com a raiva, a inveja e a presunção: são apenas máscaras que dissimulam... nossa essência humana individual. Tirando-as, volta-se ao estado de luz original. Com a luz, temos de volta a almejada serenidade e a alegria. É muito simples, basta entender como funciona o mecanismo.

# 14

## Como praticar a visualização

A visualização e a meditação foram o meu caminho para despertar o curador interno. Elas precisam ser "vividas", o máximo possível, pelos cinco sentidos e elaboradas com o coração, com confiança, e muita paciência.

Os ensinamentos que recebemos e compreendemos por intermédio de imagens devem criar modificações no relacionamento com a vida. Devem provocar o surgimento daqueles estados de consciência que se tornam gradativamente mais profundos e dão origem a uma harmonia diferente.

Para experimentar o poder de cura da visualização é preciso nela penetrar com a inocência de uma criança, abertos ao encanto desta aventura que leva à descoberta de nós mesmos.

Preservem uma hora por dia para dedicar-se à visualização e façam por prazer, não por obrigação.

Escolham, se quiserem, uma música tranqüila, que ajude a eliminar tensões e a afastar os pensamentos.

Procurem o lugar que mais lhes agrada para sentar-se ou deitar-se. Fechem os olhos suavemente.

Respirem, sorriam, lenta e profundamente, conscientes da respiração. Relaxem o corpo, dirigindo a atenção às partes mais tensas ou doloridas.

Façam pequenos movimentos para facilitar, ao máximo, o relaxamento físico. Todas as vezes que estiverem relaxando, vocês já estarão se curando!

Verifiquem se os ombros, o pescoço, a mandíbula, os lábios, as costas, os braços e as pernas estão relaxados. Não cruzem as pernas. Deixem-nas apenas ligeiramente abertas. Façam o mesmo com os braços. Com uma respiração mais profunda, relaxem o abdome, que é a sede das emoções que podem ser mentalmente controladas.

Sintam o prazer de estar em companhia de vocês mesmos. Ao respirar, sorriam. Imaginem que, lentamente, todo o corpo respira. Respiram as orelhas, os olhos, as mãos, a pele, as pernas, a cabeça. O corpo inteiro é respiração.

Habituem-se a criar um ritmo entre inspiração e expiração: contem mentalmente até cinco durante a inspiração e novamente até cinco, durante a expiração. Procurem perceber qual ponto das narinas é mais sensível ao ar que entra e concentrem a atenção neste ponto. Não julguem o que acontece ou o que percebem. Sejam testemunhas apenas do que acontece dentro de vocês! Sejam simples espectadores que olham e escutam em silêncio, sem expectativas e sem medo! É maravilhoso experimentar essa sensação de simples escuta e testemunho. Tudo na mente se acalmará à medida que a respiração consciente tornar-se mais lenta. Contem até sete, e depois oito, a cada inspiração e expiração. Com a prática, o tempo pode ser aumentado sem esforço. Experimentando, podemos nos conhecer.

Sejam sua própria respiração, calma e tranqüila. Observem o que acontece em vocês. Não se esforcem para produzir imagens, se elas não aparecerem. Tenham confiança: elas virão assim que vocês estiverem relaxados e receptivos. Se ocorrerem pensamentos persistentes, tenazes ou repetitivos, não se enfureçam... vocês já se enfureceram muitas vezes. Para que enfurecer-se de novo? A raiva é uma máscara que devemos eliminar para vivermos bem, por amor e respeito próprios.

Observem o trabalho da mente. Percebam o que acontece no cérebro, mas lembrem-se de que vocês não são o cérebro!

Vocês são a vida que entra com a respiração e que se vai com a expiração, deixando lugar para um modo de viver diferente. Quando estiverem prontos, tentem imaginar que, ao expirar, vocês morrem para velhas atitudes, sofrimentos, dor, memória oprimente, traições sofridas e, inspirando, levam para dentro de si novos espaços, novas oportunidades e aventuras a serem saboreadas.

Se quiserem brincar com as imagens, tentem visualizar a dor e os pensamentos como nuvens que, no passado, encobriram o sol, mas que se foram como vieram. Ao expirar, imaginem criar um vento suave que dissolve as nuvens.

Se estiverem atormentados pensando em alguém que lhes provocou dor, façam um outro jogo: imaginem que a foto daquela pessoa ou de um acontecimento desagradável para vocês esteja sobre a mesa. Expirando, sem julgar, assoprem na foto. A cada respiração, façam com que a foto escorregue pela mesa, até cair e desaparecer.

Se, em determinado dia não conseguirem realizar um exercício, não se obriguem, não forcem, deixem que o jogo acabe no dia seguinte, em outra visualização.

Permaneçam relaxados e tranqüilos, mas não adormeçam. Se adormecerem significa que precisam descansar. Descansem e retomem a meditação mais tarde, como atentos e calmos observadores do que acontece dentro de vocês.

## Meditação e visualização

Imaginem, agora, uma esfera de tom vermelho intenso, suave e macia. Ela surge sobre suas cabeças, dissolve-se lenta e gradativamente e, de forma agradável, recobre de vermelho todas as partes de seus corpos, da cabeça aos pés, fazendo-os sentir-se completamente relaxados. O corpo está calmo, relaxado. Respirem, percebendo o prazer gerado pelo vermelho, sentindo que todos os músculos se distendem. Respirem lentamente, acolhendo o vermelho que os envolve e protege, embalando-os. Abandonem-se ao vermelho, ele os sustenta com segurança.

Quando tudo estiver vermelho, com uma respiração profunda, o vermelho começará a retirar-se, subindo pelo corpo e voltando a fechar-se dentro da esfera, desaparecendo.

O corpo permanece relaxado e uma segunda esfera aparece sobre suas cabeças, intensamente amarela, luminosa, convidativa, brilhante como a luz de um esplêndido sol que doa calor e sensação de calma. A luz amarela convida a sorrir, à serenidade, enquanto desce e recobre todas as partes do corpo. Sintam que as emoções oprimentes, sufocantes e dolorosas se vão. A raiva, o medo, a ansiedade e a incerteza dissolvem-se e vocês ficam tranqüilos, serenos, em perfeita harmonia e sorridentes.

Quando o corpo todo estiver coberto de amarelo, a tranqüilidade será perfeita. A cor, então, começará a retirar-se, voltando a fechar-se dentro da esfera e desaparecendo.

Inspirem e expirem lentamente, duas ou três vezes, sentindo o prazer da respiração que os lembra que estão vivos. E eis que aparece uma terceira esfera, cor de laranja que, dissolvendo-se, escorrega sobre o corpo, dando a sensação de suavidade, de carícias.

A cor laranja, perfumada de baunilha, cobre a cabeça, o pescoço, o peito, os braços e chega até os pés. Deixa uma calma mental profunda. Os pensamentos vão para longe como pássaros. Desaparecem, e fazem surgir uma sensação de profunda liberdade e silêncio. O corpo está perfeitamente relaxado, quase sem peso. A respiração é tranqüila, leve, e um bom perfume inunda todo o ser.

Lentamente, no silêncio da mente, a cor laranja se retira, subindo pelo corpo, para dentro da esfera sobre a testa. E, então desaparece.

Uma quarta esfera aparece, violeta, com uma luz macia e intensa. A cor se acende, cobre seus corpos, lentamente, até os pés. Sentem-se leves, transparentes, como se fossem invisíveis, como se fizessem parte de todo o universo que os acolhe sorrindo, convidando-os para a harmonia universal.

Tudo está incrivelmente calmo, perfeito, claro, límpido e tranqüilo. Planetas e estrelas, Lua e Terra fazem parte de vocês. Tudo é parte de vocês e vocês são tudo. Respirem com suavidade e reconheçam o universo que são. Sintam que não estão sós porque toda a criação está com vocês, vive com vocês, apóia-os e acompanha-os desde sempre. A sabedoria emerge, a calma acontece, o amor desperta, o prazer de viver se acende à medida que o violeta volta para a esfera que, enfim, desaparece, deixando um espaço limpo, dentro do qual a imagem de vocês, sorridente, aparece descalça e os convida para segui-la no caminho que se abre diante de seus olhos. A respiração permanece lenta e profunda, enquanto observam as imagens que acontecem.

## Esclarecimentos

No início de um encontro, sempre peço às pessoas que vejam a própria imagem descalça, porque descobri que os sapatos, simbolicamente, representam as defesas racionais, o controle criado pelo hemisfério esquerdo. É importante aprender a perceber as emoções e as sensações experimentadas nas paisagens que encontramos em nossos filmes.

Nas primeiras vezes, é difícil abandonar-se. Não é preciso forçar, e sim, confiar nas percepções, mesmo que, em determinando momento, não consigamos ver nada.

Podemos aceitar o jogo e entrar na aventura sem julgamentos apressados e expectativas especiais.

Vocês podem começar, recordando-se de uma paisagem de que gostem, qualquer que seja.

Deixem que as imagens aconteçam. Não importa se elas parecem não ter significado. O importante é treinar uma vez por dia, na certeza de que, mais cedo ou mais tarde, tudo vai acontecer.

Vocês já criaram uma cura ao se concederem respirar bem e meditar com as quatro esferas.

Lembrem-se de que a paciência é a chave da vida! E que, para aprender, é necessário ter persistência e disciplina.

Para ajudar as pessoas a entrarem com mais facilidade nas imagens, crio músicas especiais que favoreçem espontaneamente o surgimento de visualizações. Escolham uma faixa musical sem palavras, suave, que os agrade. Eu ouvia, com freqüência, uma sinfonia.

É importante manter uma respiração regular, lenta e profunda, sem pausas entre inspiração e expiração. Quando o filme se acender, parem de pensar na respiração e entrem no filme, exatamente como acontece quando estamos no cinema.

Não se enfureçam, caso se distraiam, ou se um pensamento cancelar as imagens. Não fechem os olhos para se concentrar com esforço. Ao contrário, respirem de novo, profunda e lentamente, sorrindo, e relaxem as pálpebras.

Sorrir com os olhos aumenta a quantidade de endorfinas – foi demonstrado por uma pesquisa científica e já é uma cura!

Se as imagens mudarem, escolham aquelas de que mais gostarem e continuem. Mais cedo ou mais tarde aparecerá um verdadeiro filme, com continuidade. É preciso treinar um pouco.

Não tentem interpretar imediatamente o que vêem. Com experiência, chegarão a entender.

Continuem no filme percebendo os odores, os sabores, as sensações táteis, os sons e as emoções.

Quando o filme acabar, não se levantem rapidamente. Concedam-se um pouco de tempo para espreguiçar-se, estiquem todas as partes do corpo lentamente, sentindo o prazer deste alongamento feito com suavidade.

Depois, inspirem e expirem duas ou três vezes com decisão, em rápida seqüência. Sentem-se, respirem, movam a cabeça para a direita e para a esquerda, devagar, e levantem-se sem sobressaltos.

# 15

## *Interpretação de imagens*

TERRA – precisamos compreender que "terra" somos nós, em todos os momentos, e os problemas que acumulamos dentro de nós, criando bloqueios energéticos. Por exemplo: na terra que imaginamos pode haver pedras, que representam pensamentos oprimentes, problemas de aceitação de nós mesmos, momentos difíceis, emoções bloqueadas e reprimidas sem termos oportunidade de expressá-las. Pântano: a impotência em que nos debatemos, a falta de coragem para realizar escolhas, que nos tiram de uma situação estagnante da vida. Terreno muito úmido: choro acumulado e reprimido. Terreno muito seco: falta de comunicação com nós mesmos, controle dos sentimentos e emoções. Asfalto: necessidade de controlar racionalmente todas as situações e nós mesmos, não sair dos esquemas preestabelecidos mesmo que nos tornem rígidos e inflexíveis, embaçando a alegria de viver.

PAISAGEM – dá a entender como estamos vivendo as situações deste momento da vida. À direita: visão da realidade. À esquerda: visão dos sentimentos. Exemplo: paisagens vastas, belas e harmoniosas indicam bem-estar, leveza, liberdade, comunicação com nós mesmos e respeito pela própria individualidade, aceitação das necessidades, harmonia. Bosques ou florestas cerradas: momentos de dúvida ligados a decisões e à necessidade de encarar a realidade com mais profundidade, sem fugir, de modo a obter uma visão honesta que elimine as dúvidas, pois impedem que nos expressemos por completo e nos obrigam a viver com as pessoas, sem estarmos realmente com elas. Montanhas diante de nós: obstáculos a serem superados, metas árduas a atingir; está se aproximando um período de mudanças que apresentará uma dificuldade. Ao lado: problemas afetivos (à esquerda) ou materiais (à direita) que estão para ser superados. Mar: vontade de encontrar a sabedoria que jaz em nossas profundezas; vontade de abandonar-se, de ser livre para ser genuíno, de descobrir capacidades e potencialidades escondidas. Lagos: momentos de reflexão, um convite para olhar-se nos olhos e tomar consciência das sensações e das emoções que o olhar reflete como espelho da alma. Rios: convite a deixar-se fluir e não resistir mais aos acontecimentos, a relaxar-se, confiar, aceitar as incógnitas e o desconhecido, com a certeza de que o amanhã será maior e mais profundo do que o dia de hoje, mesmo que percamos alguma coisa ou alguém.

CÉU – é o plano universal, o espírito.

Exemplo: nuvens representam confusão, pensamentos negativos que ocupam a mente, obscurecendo a luz do Sol, que está atrás delas e que é a consciência. Temporais: raiva momentânea, momentos de conflito passageiros que podem dominar as emoções. Sol: convite à consciência, para abandonar o esforço que vai contra as intuições; convite para eliminar a sombra das dúvidas e da insegurança, impulso para encarar o que está acontecendo com serenidade e confiança. Lua: necessidade de aceitar a intuição e sensibilidade; convite para abandonar os esquemas mentais e ser criativo, perceptivo, pronto para acolher estímulos novos e motivações. Noite: momento especial que deve ser utilizado com respeito para elaborar o passado, os últimos acontecimentos, para refletir com calma e extrair o impulso positivo que todos os encontros e desencontros oferecem, despertando uma gota a mais de sabedoria. Chuva: lavar a memória das feridas recebidas, as traições vividas, esquecer o sofrimento, a melancolia.

UNIVERSO – vontade de entrar em contato com o Eu superior para obter calma e paz diferentes das que temos, vontade de superar os limites, os medos que alimentamos, desejo de liberdade e de encontrar soluções, indagando os planos mais sutis e elevados.

PESSOAS – mostram aspectos nossos que tomam a forma de outros personagens. Podem ser representações de serenidade, sabedoria, raiva ou dor, conforme o olhar e a posição que assumem. Permitem um exame de consciência para enfrentar até as emoções mais difíceis, sem condená-las ou reprimi-las.

ANIMAIS – trazem o significado simbólico que damos a eles normalmente na vida: são um meio de evocar qualidades psicológicas, amizade, fidelidade, suavidade, fragilidade, leveza ou incômodo, medo, agressividade, força, timidez, placidez etc.

FOGO – calor, proteção, defesa, transformação, purificação, mudança, espírito que ascende para o céu.

PORTA – entrada em um novo ciclo da vida. É possível entender as emoções que estamos vivendo se, encontrando a porta, sentimos medo, ansiedade, dúvida, incerteza ou curiosidade, desejo de aventura, alegria, entusiasmo.

CRIANÇA – a nossa inocência e confiança, a fantasia, a crença, a pureza esquecida ou afastada.

ADOLESCENTE – o desejo de despertar a coragem, rebelando-se contra os condicionamentos, ousando superar os hábitos mentais tradicionais e abandonando os papéis desempenhados, sem medo do julgamento próprio ou alheio.

SÁBIO – a nossa espiritualidade convida à sabedoria e lembra que pertencemos ao infinito; dá segurança e paz.

TEMPLO/IGREJA – põe em movimento, apela às energias superiores latentes, produz a transformação do despertar.

IMAGENS MUITO LUMINOSAS – estados inflamatórios, emoções fortes, raiva, agressividade etc. Exigência de criar equilíbrio.

IMAGENS MUITO ESCURAS – opressão, graves tensões a eliminar, melancolia, depressão etc. Exigência de criar equilíbrio.

## Os símbolos

Todos os símbolos provocam efeitos sobre o inconsciente. Visualizá-los – coisa que pode ser feita para obter determinado resultado – coloca em movimento processos criativos, transformadores. Os símbolos são transformadores de energia psíquica; evocam e tornam operante seu significado profundo, canalizam as energias psíquicas, integram, criando coordenação e organização.

É sempre importante que nos vejamos descalços. É bom tentar perceber todas as sensações em relação ao terreno (porque somos nós!) sobre o qual caminhamos, calor, frio, dureza, maciez etc.

Depois, lentamente, devemos dirigir o olhar interior para a paisagem que nos circunda. Começamos pelo lado direito, que representa o plano da consciência, da realidade material da vida e, depois, à esquerda, que é o plano sentimental e das emoções.

Muitas vezes as pessoas pensam que não conseguem visualizar e relatam ver apenas escuridão. Mas é suficiente encorajá-las a ter confiança e a criar com a mente, no início de cada encontro, a imagem de uma paisagem já vista na realidade. Em seguida, basta fazê-las visualizar. Ou, então, pode-se caminhar na própria escuridão, visualizando-a como neblina ou noite estrelada e continuar para ver o que acontece. Em geral, até os mais incrédulos e céticos conseguem "ver", mais cedo ou mais tarde, algo absolutamente imprevisível que reconhecem não ser fruto da própria mente. Curiosos, sentem-se estimulados a continuar a visualização.

Quando há ceticismo, é preciso aprender a usar a visualização com paciência e confiança; quando há abertura para a experimentação, com um grande senso de abertura!

Para aprender bem qualquer jogo, é preciso seguir as regras até adquirir prática, e entender o sentido de sua aplicação.

A visualização é apenas "um jogo que não existe" porque é um modo real, alternativo, de aprender a criar harmonia física, mental e espiritual dentro de nós. Ela permite uma linguagem infinita. É um modo de nos comunicarmos com nós mesmos, a qualquer momento e em qualquer nível, que está "além da palavra". E, sobretudo, a visualização verdadeira não mente jamais! Faço com que seja usada de muitos modos também quando há uma decisão a tomar. O resultado é sempre um esclarecimento maior, uma harmonia diferente conquistada.

Essa harmonia tem efeitos de cura incríveis, previne doenças e o mal-viver, que é a doença mais difundida do mundo.

Nos momentos em que uma pessoa é protagonista do próprio filme, não percebe mais o corpo físico. Encontra-se completamente em outro estado de unidade, traz uma lufada de energia de valor inestimável e cria já as bases para uma autocura.

Normalmente vivemos a realidade de modo dissociado, ou seja, dividimos a energia usando uma parte do cérebro mais do que a outra. Por exemplo, queremos uma coisa, mas não acreditamos na possibilidade de obtê-la; temos uma intuição, mas não confiamos nela e não lhe damos ouvidos; vivemos o presente, mas pensamos no futuro e no passado etc.

Essa divisão é fruto de uma luta entre o que poderíamos e gostaríamos de ser e o que nos obrigamos a ser, devido à educação recebida!

Se aprendermos a confiar mais em nós mesmos e a deixar de lado o uso incorreto do controle racional, a insegurança e o julgamento, teremos acesso a um plano mais profundo e vasto que nos pertence, mas que, em geral, não estamos habituados a encontrar.

Defino esse plano como mente sagrada. É o plano da unidade, dentro do qual "somos simplesmente o que somos", sem conflitos, sem pretensões, sem desafios, rancores e expectativas e, portanto, sem sofrimento. É o plano em que coração, mente e espírito estão em perfeita comunhão e harmonia. Tendo acesso ao interior deste plano, acontece a cura espontânea, a remissão da doença, o milagre da autocura.

Não é fácil descrever como realizar uma visualização e, principalmente, como decifrar o sentido das imagens, mas aprendemos com a experiência.

Podemos nos habituar a entrar com curiosidade dentro do que vemos com os olhos internos, tornando-nos espectadores e testemunhas dessas imagens, tentando percebê-las pelos órgãos dos sentidos.

Isso já é suficiente, como primeiro passo, para harmonizar-se e para descobrir que, depois de meia hora, já nos sentimos melhor. Se sentimos dor em alguma parte do corpo, podemos confiar, pensando que "mal não pode fazer" e imaginar que vamos ver "o que há" naquele ponto, lembrando-nos de que todas as pedras devem ser removidas, a escuridão, iluminada; o fogo deve ser apagado, o pântano, bonificado e o deserto, irrigado para dar vida às plantas! Usar inocência e fantasia não atrapalha. Aprendemos a nos encontrar, com calma e com um pouco de dignidade sorridente!

Podemos nos dar ao luxo de pensar que "talvez sejamos mais vastos do que pensamos". É bom lembrar que todas as religiões insistem no fato de que pertencemos a Deus, ao Absoluto, ao Divino. Vale a pena tentar e experimentar, suavemente, com confiança. Passo após passo, encontraremos novos estados de consciência feitos de serenidade e harmonia. Descobriremos o prazer de ser aqui-e-agora, em todos os momentos, em todas as situações. A consciência que surge desse caminho dá respostas a todas as perguntas, até às mais difíceis, como aquelas sobre morte e doença. Mas, como demonstrá-lo quando o cérebro não está suficientemente preparado para essa compreensão? É preciso atravessar a soleira e, assim, descobrir a mente superior que jaz esmorecida pelos velhos e restritos hábitos do pensamento.

Então, o curador interno acende-se de vida, dando-nos a vida. Todos podem experimentar, não há limites para a cura.

Viver com alegria e consciência nos faz bem, faz bem a quem está perto de nós e ao mundo inteiro.

Descobrir que realmente somos um suave reflexo de Deus, não é nada mau!

Por que não experimentar?

# Palavras finais

Sempre fui reservada ao falar do que vivi durante esses anos, porque temia despertar uma curiosidade não construtiva e desnecessária.

Agora, depois de muitos anos de experiência e de encontros com os mais variados problemas humanos, creio que chegou o momento de abrir os olhos das pessoas que estão prontas para isso. Em outras palavras, quero superar a barreira dos preconceitos para comunicar que existe um modo de sarar e de interagir com qualquer forma de medicina e que é importantíssimo agir, considerando nós mesmos como um mundo que não possui estados de separação. Todos os estados de separação precisam ser cancelados da mente porque a separação é ilusória e implica dissociações que são a própria origem da doença e do mal-viver, em todos os aspectos.

Chegou o momento de nos encararmos como um todo!

Há cânceres demais, Aids demais, depressão demais e infelicidade demais, às vezes, sem nem sequer justificativa! Toda essa "dor" tem origem no nosso modo de viver fragmentário, que dificulta o entendimento de que para sarar precisamos trabalhar cada aspecto de nós mesmos, para recuperar o equilíbrio que veio a faltar.

Devemos começar com o modo de viver a realidade, as relações com a família, os amigos e os conhecidos e reconhecer, sem medo, nossas necessidades e respeitá-las, ainda que elas sejam diferentes das dos outros.

Temos de parar de nos torturar com julgamentos repressores e sentimentos de culpa, para construir as possibilidades corretas, ao invés de perdermos tempo em nos desabonar, de modo estúpido e destrutivo.

Precisamos assumir a responsabilidade do "nosso" modo de agir e não delegá-lo a outros como se fossem sempre responsáveis por nossas perdas, sofrimentos e felicidade.

Temos de abandonar o vitimismo que nos reduz a seres lamentosos para escolher a "nossa" maneira certa de viver, resolvendo os problemas que a vida normalmente comporta.

A origem da doença e do sofrimento está na falta de consciência do que somos dentro de nós!

Habituamo-nos a viver, confundindo-nos com os outros, identificando-nos com leis e hábitos que tomamos emprestado dos pais, de familiares e da sociedade, mas que não são nossos. Abandonamos, assim, nossas necessidades, valores e desejos. Cada um de nós é um ser humano diferente dos outros e essa diversidade, visto que pertence a Deus, deve ser respeitada.

Em todos esses anos, em que adquiri consciência do meu sofrimento e do das outras pessoas, compreendi que é preciso coragem para viver realmente, porque, antes, é preciso morrer para as falsidades que aprendemos a aceitar por comodidade e hábito!

Tornamo-nos passivos e impotentes. Essa impotência que aceitamos, e que inconscientemente vivemos, enlouquece nossas células e nossa mente. Temos livre arbítrio. É preciso usá-lo com respeito e com reconhecimento de nós mesmos. Precisamos nos encontrar, sem mentiras e sem rigidez, aceitando nossos limites, com a consciência de estarmos sempre crescendo com nossas experiências.

Descobri a unidade da criação, verificando-a nas viagens ao interior das pessoas que encontrei.

O Eu universal fala, em silêncio, a linguagem da visualização. Em toda parte, o sofrimento nasce da perda do sentido de si próprio e dos valores da vida.

É difícil aprender a arte de morrer para os próprios hábitos e comportamentos, para as próprias justificações e perceber que adquirimos, dia após dia, nova capacidade de nos descobrir.

É melhor começarmos a aprender a arte de viver, que permite reconhecer nossas necessidades e satisfazê-las, sem esperar que "o maná caia do céu".

Precisamos nos tornar criadores responsáveis e positivos de vida.

À medida que aprendemos a caminhar, com prazer, em nossa companhia, todos os dias, podemos aprender a morrer para os velhos condicionamentos e atitudes que não nos servem mais, porque somos, agora, mais "sábios".

Autocura significa decidir, com clareza e força de vontade, caminhar conscientemente pela vereda interior que nos conduz à criação da harmonia. É preciso muita paciência e força de vontade.

Mas é preciso acrescentar que é necessário, também, rirmos um pouco de nós mesmos e do abatimento com que enfrentamos até os menores problemas!

Precisamos aprender a viver, aceitando morrer para os hábitos do passado e renascer, sempre novos e sorridentes, diante da realidade diversa.

A magia da vida acontece aqui, nesse encontro com nós mesmos, constante, flexível, fluido, isento de preconceitos e de julgamentos.

Tomando consciência, que lentamente aconteceu no percurso de todos esses anos, verifiquei sempre que somos apenas energia. Corpo, pensamentos, sentimentos, emoções: Energia!

Quando conseguimos ser a experiência consciente dessa energia, nada mais nos impede de usá-la.

Descobri que, no plano da unidade com Deus, não existe, obviamente, abuso de poder e que, portanto, não podemos usá-la irresponsavelmente.

Porque tudo é unidade, tem valor absoluto e, sendo assim, é respeito total por todas as realidades.

Essa energia consente, assim, perceber os problemas e as alegrias de cada ser vivo, distante ou próximo, conhecido ou desconhecido.

Permite pressagiar acontecimentos ligados à Terra, ou seja, permite o desenvolvimento da clarividência.

Meu trabalho com a humanidade é amplamente facilitado pelo fato de estar em unidade e me permite funcionar como uma chave que todos podem usar para abrir as portas de si próprios e atravessar as soleiras que os separam da descoberta da própria individualidade.

Respiração, relaxamento, confiança, inocência e olhar interior levam à autocura. Mas é preciso experimentar para crer realmente.

...no Silêncio da mente,
provei o sabor da morte
para aprender a arte de viver aqui-e-agora,
a cada instante.

# Referências bibliográficas

ASSAGIOLI, Roberto. *Lo sviluppo transpersonale.* Roma: Astrolabio, 1988.

————. *Principi e metodi della psicosintesi terapeutica.* Roma: Astrolabio, 1973.

BIZZARRI, Mariano. *A mente e o câncer.* São Paulo: Summus, 2001.

FERRUCCI, Piero. *Esperienze delle vette.* Roma: Astrolabio, 1989.

GUNARATANA, H. *La pratica della consapevolezza.* Roma: Ubaldini, 1995.

HANH, Thich Nhat. *Trasformarsi e guarire.* Roma: Ubaldini, 1992.

MAY, Rollo. *O homem à procura de si mesmo.* 29 ed. Rio de Janeiro: Vozes, 2002.

MURAMOTO, Naboru. *Il medico di se stesso.* Milão: Feltrinelli, 1975.

OSHO, *Il sutra di diamante.* Verona, Ed. del Cigno.

RAJNEESH, B. *Oltre la psicologia.* Tradate: Oshoba.

SAMKARA, Sri. *Opere minori.* Asram Vidya.

WANGCHEN, Geshe Namgyal. *Il metodo graduale.* Roma: Ubaldini.

# APÊNDICES

# Placebo

Estudos demonstraram que 55% do poder de eliminar a dor de muitos analgésicos deve-se ao efeito placebo, assim como entre 55% e 60% da resposta positiva terapêutica, obtida no tratamento da depressão, deve-se ao mesmo mecanismo.

A presença do efeito placebo foi demonstrada no tratamento de doenças como hipertensão, ansiedade, diabetes, hemicrania, artrite reumatóide, esclerose múltipla, colite, tumores, úlceras gastrintestinais.

A relevância desse fenômeno leva "o homem na sua inteireza" para o centro da pesquisa científica.

Mente e corpo interagem, de fato, em diferentes níveis para realizar aquelas especialíssimas condições de ativação, os "estados da mente", que dão acesso a um mecanismo de autocura.

O placebo age liberando endorfinas, mas não só. Os mecanismos para "despertar" uma energia curativa estão ligados a diversos fatores como tradições, cultura, a idéia que o paciente formou sobre a própria doença, a reação psicológica criada com o médico, a confiança que o médico demonstra no tratamento que propõe a "fé no medicamento". Existe, portanto, um mecanismo muito complexo que dá origem à cura espontânea, desencadeando a ativação do curador interno.

De acordo com pesquisas realizadas na Universidade da Califórnia, foram extraídas as seguintes conclusões.

1. Há estreita correlação entre emoções e saúde.
2. As atitudes positivas modificam a qualidade de vida também nos casos em que não podem influenciar a progressão da doença.
3. O pânico é, por si só, autodestrutivo e pode interferir até em um tratamento eficaz.

## Depressão e estresse

São tão freqüentes os casos em que a ansiedade profunda, o desalento e a desorientação são rapidamente seguidos pelo surgimento e aumento do câncer, que é difícil pôr em dúvida que a depressão mental concorra de modo relevante para o desenvolvimento de uma doença degenerativa.

Um estudo realizado pelo Departamento de Psicologia e Fisiologia da Universidade da Flórida, demonstrou que a ansiedade podia ser combatida com êxito e, com ela, também a depressão induzida no sistema imunológico... Bastava modificar, por meio de técnicas de relaxamento, meditação, visualização e auto-hipnose, o estado mental de uma pessoa.

A confirmação de que há estreita ligação entre o surgimento e a evolução de um tumor e as características da personalidade é espantosa.

Um estudo conduzido pela Universidade de San Francisco com pacientes com Aids indicou um grupo de doentes que sobrevivera surpreendentemente.

A explicação dessa sobrevida foi obtida por meio de numerosos colóquios com os pacientes:

1. alguns haviam se recusado a perceber a doença como uma inevitável condenação à morte;
2. alguns a haviam encarado como um desafio a ser vencido;

3. outros a haviam usado como oportunidade para criar uma nova relação com o trabalho e com as pessoas, encontrando um novo significado para a vida;
4. outros, ainda, por meio da doença, haviam se envolvido na luta pela pesquisa científica.

Todos tinham a "sensação" de poder influir beneficamente no decurso da doença e haviam transformado a seqüência insípida dos acontecimentos da vida em um "conjunto" ordenado no qual era possível encontrar "um sentido".

# Significado da meditação vipassana que podemos aprender a usar, vivendo!*

*"Tive, por sorte, um nascimento que me dá a incrível oportunidade de me tornar Iluminado. Por que não usá-la?"*

Todas as vias espirituais indicam como desenvolver virtudes interiores como amor, compaixão, determinação. A causa fundamental do sofrimento é a mente iludida e indisciplinada. Assim, a via da liberação passa pelo treinamento consciente da mente.

Antes de tudo, é preciso ter consciência do próprio sofrimento porque, quando o observamos profunda e atentamente, descobrimos suas causas: as ilusões que o cérebro cria e as ações insípidas que delas derivam. As ilusões são raiva, apego, ódio, inveja, soberba etc.

A forma de liberar-se da dor é manter a mente sob controle, com grande consciência.

Observar a natureza do sofrimento é, na realidade, a via certa para obter paz e felicidade.

O sofrimento ajuda a reduzir a soberba e a desenvolver uma compreensão diferente dos que sofrem do mesmo modo.

---

\* Extraído do livro: *La pratica della consapevolezza*, do monge tibetano Henepola Gunaratana, Roma: Ubaldini, 1995

# Os métodos para treinar a mente

Há muitas técnicas adequadas às diferentes necessidades das pessoas, que dão origem a grande tranqüilidade gradual e força interior. Mas não é este o objetivo da meditação.

A meta a ser atingida é despertar o amor a cada ser, pela obtenção da felicidade.

A essência da via espiritual está no desenvolvimento da consciência interior e de uma atitude amorosa em relação a todos os seres humanos. Seria necessário praticar, todos os dias, ações virtuosas, pensamentos positivos, palavras boas, eliminando todos os pensamentos negativos. São numerosos os pensamentos negativos que ocorrem em um dia. Enquanto não nos tornamos conscientes da estupidez do desejo incessante, não é possível obter paz e tranqüilidade.

A meta final da prática da consciência é atingir pureza interior e realizar a verdade com perfeição: a Iluminação.

A Iluminação pode ser obtida ao eliminar as ilusões, compreendendo, cada vez mais profundamente, suas causas e levando a mente a um estado de sabedoria. Isto só pode ser feito gradualmente.

Treinar a mente para a sabedoria protege da dor.

"Bons joalheiros purificam suas gemas removendo, camada após camada, sujeira e manchas incrustadas nas pedras. Com este polimento, obtêm ornamentos de infinita beleza. Do mesmo modo, os iluminados, percebendo a beleza recôndita em todos os seres, mostram o caminho para que todos possam purificar a mente da ilusão, camada após camada, e atingir a Iluminação: a pureza da 'jóia interior'."

Quem é capaz de nos guiar em direção à liberação total do sofrimento? Os iluminados, porque eliminaram a parcialidade e têm a mente bem disposta em relação aos que os amam e aos que tentam feri-los.

Os iluminados compreendem a disposição mental de cada ser humano e o tipo de ensinamento adequado a cada um. Perderam o medo da existência, estão além do sofrimento, têm a mente plena de ilimitada compaixão em relação aos que ainda são dela prisioneiros.

Os iluminados pensam assim: "Quando um espinho fere o pé, embora seja ele a sofrer, é a mão que, naturalmente, se movimenta para aliviar a dor, tirando o espinho. Por que não deveríamos, então, estar interessados em aliviar o sofrimento alheio, mesmo que seu sofrimento não nos atinja diretamente?".

Estamos fisicamente separados, mas temos a mesma natureza: desejamos a felicidade, não queremos sofrer. Somos, assim, um único corpo. Toda a felicidade que existe no mundo deriva da mente amorosa em relação aos outros. Todo o sofrimento do mundo deriva de cuidar apenas de si próprio. O homem, pensando só em si mesmo, tentou ser feliz às custas da felicidade alheia.

Assim, quanto menos formos egoístas, mais felizes seremos.

*"Todo o sofrimento e todos os males do mundo derivam apenas do pensamento malvado de cuidar apenas de si próprio."*

Buda

# O cotidiano

A existência de todos os dias, com seus deveres e desafios é o verdadeiro campo das realizações espirituais.

Nossa vida cotidiana, com sua banalidade, violência e dificuldades, é a única verdadeira possibilidade de transformação.

No caminho para a iluminação, os pensamentos devem ser:

- Provocantes: porque nos fazem duvidar dos lugares-comuns aos quais a mente está habituada e aos quais se abandona como a um piloto-automático.
- Liberatórios: porque nos aliviam da ignorância e da dor.
- Heurísticos: porque nos enriquecem e renovam a percepção da realidade.

Quando levamos a vida a sério demais, podemos aprender a vê-la como uma representação teatral em que cada um desempenha seu papel. Quando sofremos, podemos aprender a ver no sofrimento um modo de descobrir capacidades em nós que, de outro modo, ignoraríamos.

Podemos aprender a tornar a mente flexível o suficiente para reverter qualquer situação, tornando-nos livres para ser o que realmente somos.

Marco Aurélio imaginava ver as próprias vicissitudes e as alheias, do alto de uma nuvem, redimensionando, assim, tudo que acontecia.

"Mudar o pensamento o libera de seu domínio."

Em geral, somos dominados pelos pensamentos. Conseguir transformá-los nos dá um certo domínio, esclarece que a mente é um instrumento que pode ser usado e não que nos usa!

O mundo interior é como um laboratório no qual podemos realizar milhares de experimentos diferentes!

Na ioga tibetana, diz-se: "Compreender que todas as coisas são apenas manifestações da mente e que a mente cria apenas sonhos e ilusões, libera do sofrimento".

Todos temos um modelo mental do que "acreditamos" ser. Esse modelo é, em geral, confuso e limitador porque não leva em conta "tudo o que somos na realidade" na essência e aquilo em que nos podemos tornar.

Esse modelo reflete nossa história, sobretudo as feridas e derrotas que sofremos no passado e o modo contraditório em que somos percebidos pelas pessoas que são importantes para nós. Tornamo-nos prisioneiros de um modelo de vida que "nós" não escolhemos, não decidimos e sequer conhecemos a fundo.

Com criatividade e coragem podemos, apesar dos momentos de crise e incerteza, decidir fazer da própria vida um "projeto", usando todos os instrumentos que possam refinar as habilidades e multiplicar as possibilidades de sucesso.

É preciso desatravancar nosso terreno interior de tudo o que desequilibra, obscurece e entorpece a consciência. São fatores que dizem respeito ao corpo – cansaço, tensões, distúrbios psicossomáticos, doenças etc. – às emoções – raiva, medo, sentimento de culpa – aos desejos que nos atormentam e desviam a atenção de nós mesmos, às idéias fixas que bloqueiam a abertura a uma visão silenciosa universal e a nossos ideais estereotipados.

Segundo Schiller: "Pode-se dizer que todos os seres humanos, de acordo com a predisposição originária, trazem em si um homem puro ideal. Perceber esta unidade, reconhecê-la, por meio das mudanças ocorridas na vida, é o grande jogo da existência".

Aprender a ser conscientes "aqui-e-agora" permite ver "o mundo como é" e não como temíamos ou gostaríamos que fosse. A consciência leva ao desabamento da personalidade. Nossa identidade pessoal dissolve-se como uma bolha de sabão!

## Vivências[*]

Para ver a beleza das coisas, é indispensável deixar-se impressionar por elas, pelas pessoas e fundir-se a elas. Ao ver a beleza de uma flor, ao ouvir uma música, não somos mais nós mesmos, tornamo-nos flor e música.

A personalidade é como uma fortaleza sufocante em que estamos trancados e as mensagens externas são filtradas pelas defesas. Identificamo-nos com este mundo-fortaleza que construímos pouco a pouco, a ponto de ver a realidade apenas por essa perspectiva. Aprendemos, então, a sair da fortaleza, deixando velhos hábitos mentais, entrando em contato com diferentes vidas, pensamentos, significados.

Apenas assim daremos início ao percurso que leva à liberdade da sufocante e sofrida personalidade. Abrindo-nos a diferentes estados de consciência, conseguiremos perceber a beleza, apreciaremos o belo, em todas as suas formas. Para sermos capazes de sentir alegrias, dores e sonhos alheios, é preciso aprender a conhecer os nossos próprios, renunciando a sentir o que até aquele momento nos habituamos a pensar e perceber.

Ser os outros é empatia. Empatia é um instrumento de transformação porque muda nossa estrutura, impede-nos de jul-

---

[*]   Trecho do livro *Esperienze delle vette*, de Piero Ferrucci.

gar, habitua-nos ao silêncio interior, salva-nos, pois nos renova. No momento em que nos tornamos o outro, nos esquecemos de nós mesmos, multiplicando nossa capacidade de imaginação e elasticidade mental.

Aos poucos, deixando que outros seres "vivam em nós", descobrimos que todos os elementos estão ligados ao todo, porque, se a dor do outro é nossa também, e reconhecemos a alegria alheia em nós, é porque todas as barreiras caíram!

O homem universal está à vontade com o cosmo inteiro, está disponível a tudo, sem medos, prevenções ou preconceitos.

Ele é universal porque, graças à sua disponibilidade, livre de seus papéis, da sua história, de seu credo, tem acesso a todas as experiências e reconhece, livremente, todos os aspectos em si. Empatia é a expansão da consciência, que possibilita dialogar com árvores, flores, passarinhos, planetas e estrelas, fundindo-se a eles.

Uma vez esquecidas e dissolvidas as estruturas rígidas da personalidade, respiramos e vivemos livremente inúmeras formas de vida que, repentinamente, sentimos como nossas. Reconhecemo-nos nas situações mais estranhas, nos lugares mais remotos do mundo, sem nos sentirmos diferentes ou estranhos.

Livres para sempre do sofrimento.

# Exemplos de meditação para o dia-a-dia

1. Limpando a casa, repito estas palavras, dentro de mim:
   "Este pó não é apenas pó externo, mas também o meu apego.
   Este pó não é apenas pó externo, mas também o meu ódio.
   Este pó não é apenas pó externo, mas também minha ignorância.
   Este pó não é apenas pó externo, mas também minha soberba.
   Vou limpar a mente, eliminando este pó interno".

2. Todas as noites, antes de dormir, digo a mim mesmo:
   "Abandono qualquer ressentimento por quem me faz mal, abandono o apego a quem amo e concedo, com serenidade de espírito, uma disposição mental amorosa a todos os seres".

3. Caminhando, repito a mim mesmo:
   "No silêncio, caminho deixando para trás qualquer pensamento e qualquer condicionamento, como folhas secas levadas pelo vento e, quando estou nu na minha caminhada, sou só o silêncio e tudo desaparece".

4. Todas as manhãs, sussurro a mim mesmo:
   "Você faz parte do universo e se quiser tornar-se consciente desta união, dance a vida.
   Quem dança sai das fronteiras da individualidade pessoal e atinge o êxtase!"

# Divino homem universal

## O viajante da história infinita

Caminho na areia sentindo seu calor. O canto do mar dissolve os pensamentos e o vento me desperta para a memória antiga do verdadeiro.

A onda, repentina, me pega sorridente, me leva para o alto, entre borrifos, pedindo-me para confiar, confiar completamente. Sinto-me leve, espumante.

Rio, aceito a Confiança e... estou no alto, no alto em um instante!

Minha viagem começa, sorrindo, dentro do plano universal.
Transcendo os limites do bem e do mal.
Acolho a essência da verdade.
Está em jogo: "Aceitar fugir dos falsos limites da realidade".

Sou um respiro no vértice do absoluto.
Tudo acontece. O universo me recebe, narra. Não é mudo.
Vivo, do cosmo, a sinfonia que sempre ressoou e, em um instante, sou o Passado, o Futuro e o Presente. Paro, sem fôlego, e vejo, do homem, a peregrinação eterna, exilado de sua terra, cansado de procurar.

Vejo o homem que sorrira perder-se em dúvidas, incertezas, nos pensamentos da mente.

Sei que sempre foi assim!
Sei, porque eu também, como homem,
caminhei, um dia, na terra.

Lembro-me de desertos assustadores e noites devastadoras.
Lembro-me de florestas de esperanças e repentinas cascatas de sorrisos e de diamantes.
Lembro-me, do tempo, a pressão.
Lembro-me do gelo, do ódio, da guerra, da liberação.
Lembro-me, na neblina o caminhar. A incerteza do passo a ser dado, o medo de errar.
Lembro-me da ansiedade, da solidão, da alegria repentina.
Lembro-me da risada, do pranto e do credo que se acende e se apaga continuamente.
Lembro-me.
Lembro-me da busca de minha terra, minha viagem humana.
Lembro-me.
Está tudo registrado aqui, nas dobras da minha mão.

Respiro o universo por um momento, enquanto caminho a ausência do tempo.
Do alto, vejo o homem sobre si, vergado, o senso de culpa, o medo de estar errado.
Vejo, sem olhar.
Tudo acontece em um instante,
até que uma estrela cadente aceita a sua corrida, jogar.
Basta pouco, um só momento e depois, tudo se manifesta na ausência do tempo.
Como todos os homens, caminhei na Antigüidade, com as vestes da mortalidade, viajando por terras e mares sem fim, procurando lugares loucos e solitários, abismos e cumes, desertos desolados.

Caminhei a loucura, a paixão, a rigidez, a dureza, a raiva, a soberba, a suavidade.

Tudo caminhei até que minha própria estrela, afinal, se consumou.

A estrela apaga seu fogo interior e encontra, deliciosamente, o silêncio, a calma, o amor.

Sou átimo eterno jogado no tempo, riso antigo que se expande ao vento...

Caminho a Via Láctea sem hesitação, acolho de cada homem, o conflito e a fantasia.

Acolho de mãos abertas, sem indecisão. Sei que para tudo, é preciso tempo.

Sou viajante da vida, sou viajante de uma história infinita.

A vida me chama fazendo rumor, tira-me do silêncio.

A dança está recomeçando.

A vida me chama, é como o som da onda distante.

Sinto a areia sob meu caminhar, retomo a viagem.

Continuo docemente a caminhar.

Nascida em Veneza em 1948, Gioia formou-se no Clássico e estudou Biologia. O encontro com a morte, que ocorreu com o câncer e com a morte da filha, obrigou-a a encontrar respostas para o sentido da vida. Sua experiência, iniciada em 1984, criou um caminho fundado na "consciência como caminho para a cura", um caminho novo que une a realidade de cada instante da vida à meditação. Com a iluminação, encontrou respostas para suas perguntas, em 13 de fevereiro de 1993. Criou o Instituto Universal Vida, na Itália e no Brasil, como instrumento de experimentação e realização do próprio potencial humano. O curso de formação, com duração de três anos, Arte de viver e de morrer, ensina liberar-se do tempo, da mente e do desejo, e permite que a qualidade de viver floresça.

Realiza congressos com médicos, oncologistas, psicólogos, teólogos, psiquiatras e terapeutas que demonstram que todos os seres humanos podem despertar seu curador interno, no sentido mais profundo da palavra.

Dá conferências na Pontifícia Universidade Católica de São Paulo e Porto Alegre, em muitos hospitais e centros de oncologia de Salvador, Bahia. Há anos recebe convites para participar de congressos de Psicossomática e de Psicooncologia em muitos países.

Seus livros foram publicados na Itália e no Brasil. Criou CD de Meditação em italiano e em português.

## Publicações de Gioia Panozzo

### Livros
*O sol semearei em minhas terras*
É um livro rico de emoções e de sentimento para ser lido de uma só vez, e compreender como a vida oferece sempre uma solução para cada problema! Um livro que nasce do coração e atinge profundamente o coração de todos. Editora Ágora.

*Caminho ancestral*
Um livro para mulheres especiais que possuem uma sabedoria antiga, pronta para ser despertada. Para aquelas mulheres que, lendo essas páginas, descobrirão que Antigua é a voz da sua própria sabedoria, que aflora das profundezas do coração para iluminar o Caminho da Vida a cada instante. Editora Ágora.

*Pensieri del Buddha Interiore*
Esquecemos que somos amor universal, luz e paz. Podemos despertar para essa consciência dia após dia, ajudando-nos a protagonizar nossa própria iluminação. Esses 56 pensamentos, sobre os quais refletir, são uma pequena chave que podemos nos oferecer para abrir nossas portas interiores.

*Tanto So che Vincerò 2*
Essas breves sorridentes meditações servem para amenizar os nossos problemas. Quando as dificuldades são enfrentadas de modo sorridente e leve, as soluções são mais facilmente encontradas. Editora Vida.

## Cds
*"La Consapevolezza come Via di Guarigione"*

*Divine Human Being.* Do primeiro ao sétimo Chakra. Uma Viagem por uma esplêndida música evocativa de imagens que dão harmonia às emoções, pensamentos e bem-estar físico, todas as vezes que as ouvimos. Editora Azzurra.

*Malkuth-Trip.* Elemento Terra. Primeiro Chakra. Tomar contato com nós mesmos na raiz. Dança xamanística de cura. Ajuda a eliminar as emoções opressoras e dá energia quando nos sentimos vazios. Editora Silent Grove/Editora Vida.

*IV Chakra* Meditação e Visualização
Italiano. Editora Vida.

*III Chakra* Meditação e Visualização
Português. Editora Vida.

*IV Chakra* Meditação e Visualização
Português. Editora Vida

# O Instituto Universal Vida

O Instituto Universal Vida, fundado por Gioia Panozzo, é uma associação sem fins lucrativos, com sede na Itália e no Brasil, que tem como objetivo fundamental o desenvolvimento da consciência como estrada para a cura e de prevenção da doença e do mal-estar existencial.

É um instituto para a recuperação da qualidade de vida, dedicado a quem decide encontrar o verdadeiro sentido da existência, mudando os próprios pensamentos, redescobrindo o prazer da alegria de viver aqui-e-agora, a cada momento e em cada situação da realidade. Uma resposta ao mal-estar existencial e ao mal-estar que todos percebemos dentro e em volta de nós.

É um programa para "Despertar" e fazer compreender os infinitos recursos e capacidades que todos os seres humanos têm dentro de si.

O programa é realizado com pleno respeito à medicina tradicional, com médicos, pesquisadores e terapeutas. Favorece o desenvolvimento e a manutenção de uma condição positiva da mente e cria um apoio ativo e importante para a evolução benéfica da doença.

## A filosofia do Instituto

Cada ser é parte imprescindível de uma unidade que deve ser reconhecida, experimentada, vivida. Considerando o homem e o universo como unidade, criam-se as bases para que essa se torne a realidade consciente de cada um, com a finalidade de obter a cura que está além da cura simplesmente física.

Vendo que "o domínio absoluto do mundo da razão está destruindo, na vida dos homens, a força primária que os coloca em relação com o mundo, com a harmonia entre as partes do universo, com a mesma harmonia que reina entre as células e o organismo inteiro", o instituto visa fazer compreender que "todo o mal-estar, doença e dor" pode ser usado como "trampolim" para a aquisição de um diferente estado de consciência.

O instituto baseia-se na certeza experimentada de que "nós" somos os criadores do nosso modo de nos relacionar com a realidade da vida e que, portanto, "nós" podemos modificar, não a realidade, mas sim o "nosso" modo de viver os problemas que a vida normalmente cria.

Para realizar tudo isso, o instituto utiliza, juntamente com a medicina tradicional, todas as meditações e técnicas que levam a criar uma harmonia consciente entre mente, emoções e corpo, ativando o processo de cura.

## As sedes na Itália e no Brasil

### Itália – Verona

A sede de Verona é um lugar especial. Um ponto de referência para quem decide descobrir o verdadeiro sentido da existência, mudando os próprios comportamentos, transformando os próprios pensamentos, redescobrindo o prazer da alegria de viver aqui-e-agora, a cada momento, morrendo para a memória dos sofrimentos do passado. Um lugar para encontrar pessoas e trocar experiências, experimentar.

Um programa para "despertar" indica a estrada a ser percorrida para aprender a curar conscientemente todas as feridas. Todas as atividades propostas, as técnicas utilizadas, a meditação, a música, os seminários, as viagens de experiência, as conferências, os congressos e as publicações são "chaves" que todos, com responsabilidade, podemos utilizar para reencontrar a qualidade perdida da vida.

Verona: Via Cá del Ferro, 1 – 37036 San Martino Buon Albergo
Tel/fax 045 882-0144.

## Brasil – Salvador, Bahia

A "Casa Especial" de Boa Viagem é um lugar límpido, leve e sereno, entre palmeiras e oceano, em meio a flores e a uma energia diferente que permite acender uma centelha de luz de bem-estar em cada um. Um lugar onde se pode passar algum tempo para recuperar o equilíbrio e a harmonia perdidos no tempo. Amplos e confortáveis quartos (acomodações para vinte pessoas), jardim tropical e uma esplêndida piscina diante do mar permitem revigorar o corpo e o espírito.

No amplo e luminoso salão e nas várias salas de estar, desenvolvem-se trabalhos em grupo e individuais, conferências e seminários. Massagens, ioga, biodança e várias terapias podem ser experimentadas com pessoal qualificado.

Um espaço ideal que pode ser locado para encontros de grupo, seminários, cursos de formação, férias relaxantes ou para viver a energia, a paixão e as cores da Bahia. Um espaço de qualidade a ser usado com criatividade para descobrir a arte de viver o presente com prazer.

Organizam-se periodicamente grupos da Itália.

Salvador: praça Adriano Gordilho 4 – Boa Viagem
Tel. (71) 314-9744 E-mail: tudojoia@terra.com.br

## Leia também

### CAMINHO ANCESTRAL
### Para mulheres que conduzem a sabedoria milenar
Gioia Panozzo

Este é um livro especial para mulheres especiais. Com texto metafórico e envolvente, Gioia estabelece um diálogo imaginário. É um apelo às mulheres que trazem dentro de si a Luz e o Amor adormecidos, para que os despertem e os projetem na humanidade. REF. 20792.

### O SOL SEMEAREI EM MINHAS TERRAS
### Uma história de vida e de transformação
Gioia Panozzo

Relato tocante de uma mulher italiana que enfrentou várias tragédias em sua história pessoal e como as superou, despertando para a vida e para o trabalho de semear em outras terras a luz que a inundou. A Bahia, onde ela fundou um centro, é um dos locais escolhidos por Gioia para ensinar e praticar seus conhecimentos, respondendo a um chamamento de sua intuição. Para ler, se emocionar e crescer. REF. 20713.

### FECHE OS OLHOS E VEJA
### Use o poder transformador das imagens do inconsciente
Izabel Telles

A autora, que tem o dom de ver imagens do inconsciente de seus pacientes, fala sobre o seu trabalho e ensina vários exercícios de visualização para superar dificuldades. Um CD acompanha o livro, trazendo dez exercícios gravados por Isabel, que tem conquistado a confiança de terapeutas e profissionais de saúde por sua seriedade e sobriedade na forma de lidar com assunto tão delicado. REF. 20830.

### NOSSA LUZ INTERIOR
### O verdadeiro significado da meditação
J. Krishnamurti

Para os seguidores de Krishnamurti, este livro é um presente. Para quem vai conhecê-lo agora, ele talvez represente um reinício de vida. Trata-se de uma coletânea de textos extraídos de palestras ainda não publicadas. São *insights* atemporais sobre onde encontrar as verdadeiras fontes da liberdade, da sabedoria e da generosidade humana dentro de cada um de nós. Ele faz considerações sobre o que é, de fato, a meditação – tema central desta obra – e induz o leitor a procurar o seu modo de colocá-la em prática. REF. 20717.

**IMPRESSO NA**
**sumago** gráfica editorial ltda
rua itauna, 789  vila maria
**02111-031**  são paulo  sp
telefax 11 **6955 5636**
**sumago**@terra.com.br

----- dobre aqui ---------------

ISR 40-2146/83
UP AC CENTRAL
DR/São Paulo

## CARTA RESPOSTA
NÃO É NECESSÁRIO SELAR

O selo será pago por

**summus editorial**

05999-999 São Paulo-SP

----- dobre aqui ---------------

O CURADOR INTERNO

*summus* editorial
## CADASTRO PARA MALA-DIRETA
**Recorte ou reproduza esta ficha de cadastro, envie completamente preenchida por correio ou fax,
e receba informações atualizadas sobre nossos livros.**

Nome:_____ Empresa:_____

Endereço: ☐ Res. ☐ Coml. _____ Bairro:_____

CEP: _____-_____ Cidade: _____ Estado: _____ Tel.: ( ) _____

Fax: ( )_____ E-mail: _____ Data de nascimento: _____

Profissão:_____ Professor? ☐ Sim ☐ Não Disciplina: _____

**1. Você compra livros:**

☐ Livrarias  ☐ Feiras
☐ Telefone  ☐ Correios
☐ Internet  ☐ Outros. Especificar:_____

**2. Onde você comprou este livro?**

_____

**3. Você busca informações para adquirir livros:**

☐ Jornais  ☐ Amigos
☐ Revistas  ☐ Internet
☐ Professores  ☐ Outros. Especificar:_____

**4. Áreas de interesse:**

☐ Educação  ☐ Administração, RH
☐ Psicologia  ☐ Comunicação
☐ Corpo, Movimento, Saúde  ☐ Literatura, Poesia, Ensaios
☐ Comportamento  ☐ Viagens, *Hobby*, Lazer
☐ PNL (Programação Neurolingüística)

**5. Nestas áreas, alguma sugestão para novos títulos?**

_____

**6. Gostaria de receber o catálogo da editora?** ☐ Sim ☐ Não

**7. Gostaria de receber o Informativo Summus?** ☐ Sim ☐ Não

### Indique um amigo que gostaria de receber a nossa mala-direta

Nome:_____ Empresa:_____

Endereço: ☐ Res. ☐ Coml. _____ Bairro:_____

CEP: _____-_____ Cidade: _____ Estado: _____ Tel.: ( ) _____

Fax: ( )_____ E-mail: _____ Data de nascimento: _____

Profissão:_____ Professor? ☐ Sim ☐ Não Disciplina: _____

*summus editorial*
Rua Itapicuru, 613 – 7º andar   05006-000  São Paulo - SP  Brasil  Tel.: (11) 3872 3322  Fax: (11) 3872 7476
Internet: http://www.summus.com.br      e-mail: summus@summus.com.br

cole aqui